白居易画传

中国历史文化名人画传系列

朱　虹
张　雷 ／著

江西美术出版社
全国百佳图书出版单位
·南昌·

白居易

（772—846）

白居易（772—846），字乐天，号香山居士，唐代伟大的现实主义诗人、文学家、政治家，有作品集《白氏长庆集》传世，代表作有诗歌《长恨歌》《琵琶行》等，现存3800多篇诗文作品。白居易享年75岁，官至二品，以“高寿、高产、高官”冠绝唐代诗坛。皇帝封他为“诗仙”，民间封他为“诗王”，他自嘲是“诗魔”，后世人羡慕他为“世间第一有福人”。他不仅被历代诗人所推崇，而且声名远播海外，是中国历史上一位具有深远国际影响力的大诗人。

序

唐朝诗人中，李白历来被人们誉为“诗仙”，但其实白居易才是唐朝皇帝亲封的“诗仙”——唐宣宗李忱为悼念白居易写下“缀玉联珠六十年，谁教冥路作诗仙”的诗句，从官方层面认证他为“诗仙”。白居易调侃自己醉心创作如同着魔，“酒狂又引诗魔发，日午悲吟到日西”，故又被称为“诗魔”。他与李白、杜甫被共列为唐朝三大诗人，特别是他把儒家亚圣孟子“穷则独善其身，达则兼济天下”的人生志向加以实践、发挥和改造，开辟出的一种人格范式，被认为是上承陶渊明、下启苏东坡的重要思想财富，滋养了中国士大夫和文人的精神家园。

白居易所处的年代为安史之乱后的中唐时期，其时藩镇割据、宦官弄权、朋党倾轧，其间虽有过

“中兴”的希望，但是旋即破灭，难挽颓势。白居易的文学创作既是这一历史时期的真实映照，也是他作为一个忧国忧民的有识之士，对个体生命的记录和思考。他一生“历官二十任，食禄四十年”，是中唐时期士大夫的典型代表。白居易作为一个朝中无亲故、以进士出身的寒门庶族，他的仕途除被贬江州（今江西九江）这一段沉痛打击之外，和李白、杜甫及一些同时代诗人相比，可谓顺遂（柳宗元被贬永州、刘禹锡被贬连州、韩愈被贬潮州，都比白居易更为偏远）。他在唐元和二年（807 年）任翰林学士，为皇帝起草辞章，第二年授左拾遗，向皇帝进谏，指摘时弊，这是他一生中引以为豪的职位。被贬江州又被召回长安之后，他得到礼遇，授中书舍人。为躲避政治斗争，他自请外放到向往的杭州等地任刺史，后来官至正二品的太子少傅，晚年告病闲居洛阳，乐天知命，闲适身心。他自诩“非贤非愚非智慧，不贵不富不贱贫”，于 75 岁病逝。白居易在生前就已盛名称天下，“冠盖满京华”。

白居易素以文体全面、诗文并擅著称，与此同时，他在诗文创作题材的拓展上也很有贡献。在诗歌方面，白居易于新乐府诗、绝句、律诗无所不长，内容上也能做到“无题不能入诗”。在记、序、书、论、传、赋等文体上，白居易同样颇有建树，留下了《与元九书》等一系列重量级作品；白居易在奏状、诏诰、判、策、表等公文类作品的写作中有所突破，如他为应考而撰写的《策林》，将自己的文学视野拓宽至政治、军事、经济、民生等各个方面。他不仅著述丰富，于文艺理论也有所成就，提出了“根情，苗言，华声，实义”的著名理论，认为文学必须来源于生活、来源于真情、来源于时代，并反哺于时世。

语言平易通俗，是白居易诗歌最著名的标识之一。他的诗歌意到笔随，景到意随，号称不识字的儿童和老妪也能理解其大意。这是因为他的创作不仅仅是对上的“愿得天子知”，还是为民发声的“惟歌生民病”。正是基于这一点，他与元稹共同倡导了“救济人病，裨补时阙”的“新乐府运动”，创作了《秦中吟》《新乐府》等讽喻诗，以反映民生疾苦和社会弊端，在诗歌史上留下了光辉的一页……他的诗歌“上可裨教化，舒之济万民”，他也因此被后世诗人尊为“广大教化主”。

比李白和杜甫幸运的是，白居易在世时，其“童子解吟长恨曲，胡儿能唱琵琶篇”的声名就响彻大唐。他不仅在当时拥有上至皇帝王公、下至平民奴婢的无数粉丝，在后代诗人群体中也备受尊崇。南宋罗大经说：“本朝士大夫多慕乐天，东坡尤甚。”大诗人苏东坡非常仰慕白居易，他的号“东坡”就取自白居易的诗。白居易的一个唐代超级粉丝还把他的30多首诗歌文在身上，被称为“白舍人行诗图”。

随着大唐国力的发展，白居易的作品还传播到当时的新罗、日本等地。他的文化影响力惊人，魅力无远弗届，他在海外的受欢迎程度甚至超过了李白和杜甫。在新罗，当朝宰相不仅愿意用百金换取白居易的一首诗，而且还能分辨出诗的真伪。在日本，白居易广受喜爱，曾有人因向当时的天皇进献白居易的作品而得到提拔。当时日本的贵族阶层把白居易的诗文作为文学创作的最高范本来进行学习和模仿。

今天，白居易的作品仍然拥有强大的艺术生命力，在英国出版的《古文选珍》里，他被称为“中国最伟大的诗人之一”。

目录

01

赋命有厚薄，委心任穷通

——少年白居易

唐朝大历七年（772年）的正月二十日，白居易出生在河南新郑的一个官宦之家。白氏祖籍山西太原，到了白居易曾祖父那一辈时迁居陕西下邽（今陕西渭南），他的祖父白锽曾在河南多地为官，后来举家搬到新郑县定居，白居易也就在新郑出生了。

白居易，字乐天。他名字中的"居易"来自《礼记·中庸》"故君子居易以俟命，小人行险以徼幸"，意思是君子安时处顺，耐心等待天命，小人则冒险以求侥幸成功。从白居易的名字中，就可以窥见白家长辈对子孙以"君子"为标杆的期许。

白居易的家族是"世敦儒业"的官宦之家。祖父白锽（曾任河南府巩县县令）自幼好学，17岁时就考取了明经，擅长五言诗，著有诗集。父亲白季庚（曾任襄州别驾）也是明经出身，而且为人颇有机变，曾在徐州彭城县令的任上组织吏民抵抗乱兵围攻，事必躬亲，守城42天，得到朝廷嘉奖，仅当了1年县令就升为徐州别驾。父亲忠正有担当的品格必然会在白居易的成长过程中留下深刻的印迹。白居易的外祖父陈润不仅是明经出身，曾任鄜城（今

青綠關山迥
崎嶇道路長
客人各結束行
李自周詳總
爲名和利那
辭勞與忙年
陳失姓氏北宋
近乎唐
甲午新秋
御題

陕西洛川境内）县尉，诗歌还收录于《全唐诗》，是当地颇有名气的诗人。白居易的母亲出身于书香之家，不仅通诗文，琴棋书画也有涉猎，而且善于教导，极为注重白居易、白行简兄弟的文化教养。白居易在《襄州别驾府君事状》中深情回顾母亲辛劳的一生，说："夫人亲执诗书，昼夜教导，恂恂善诱，未尝以一呵一杖加之。十余年间，诸子皆以文学仕进。"虽说父亲长年在外为官，白居易由母亲抚养成人，但父亲的坚毅与母亲的温文，想必都对白居易的成长影响颇深。

此时重创大唐王朝的安史之乱已经过去近10年了，朝廷虽维持着表面上的和平，但是黄河以北依旧在安史旧将诸如李宝臣、田承嗣等人的控制之下。各方藩镇势力互不相让，再加上吐蕃连年入侵，南方的淮南、浙东、剑南、岭南等地又屡有变乱，朝中宦官专权、朋党恶斗，好不容易安定下来的大

《明皇幸蜀图》（局部）（传）　唐　李昭道

唐帝国暗潮汹涌，前路未明。据史料记载，在安史之乱之前的天宝十三载（754 年），全国人口约有 5288 万，到了广德二年（764 年），人口骤然缩减至 1690 万左右，10 年间民生之凋敝令人触目惊心（其中还有一个原因是各郡县陷落敌手或不听中央调令，无法统计人口）。为了维持局面，朝廷大量征兵，军队人数比天宝时增加了三分之一，人民肩上的担子更重了。同时官僚地主乘着中央权力削弱的时机兼并土地，贫富两极分化日益严重。

大唐饱受重创，又暗疾丛生，变乱并没有因安史之乱的落幕而终结，一场混乱又将来临。

白居易就出生在这样一个时代。此时诗人李白已经去世 10 年，杜甫去世 2 年。与白居易同一年出生的还有写出“沉舟侧畔千帆过，病树前头万木春”的大诗人刘禹锡、写出“锄禾日当午”的诗人李绅、官至宰相的崔群，这三人都与白居易交往颇深。大文豪韩愈早白居易 4 年出生，柳宗元小白居易 1 岁，白居易的一生挚友元稹、诗人贾岛也紧随白居易之后而来——大唐虽然风雨飘摇，但依然人才辈出、星光灿烂。

白居易像

白居易生而早慧。他在《与元九书》中自述，当他还在襁褓之中时，乳母抱着他在写有文字的屏风前玩耍，有人指着屏风上的“之”“无”这些简单的字给他看，他那时虽然还不会说话，但心里默默记住了。后来别人考他，他每次都能准确地指出来，虽百遍也不会指错。这种对于文字天生的敏感和兴趣是不是一位天才诗人的标志呢？白居易和老友津津乐道，只是分享童年趣事，实际上他认为自己不

属于天才一类，而是苦读成才。在同一封信里，他说起自己的勤奋程度和好学程度简直令今天的学子汗颜：五六岁时开始学作诗；9 岁谙识声韵；十五六岁时知道了科考取士，越发苦读；20 岁以来，白天学习作赋，夜里刻苦读书，间或也学习作诗，顾不上休息。这种苦读到了什么程度呢？“口舌成疮，手肘成胝”，也就是读书读到口舌生疮，手肘都磨出了厚茧。读到后来身体消瘦，齿早落，发早白，眼睛还患上了“飞蚊症”，让白居易发出悲叹。

这样的苦读给白居易的文学创作打下了坚实基础，相传他 16 岁时就写出了“离离原上草，一岁一

《寒林读书图》 明 姚绶

枯荣。野火烧不尽，春风吹又生”(《赋得古原草送别》)这样的名句。也正是这首惊才绝艳的诗，让一个关于白居易被“刮目相看”的故事在后世经久流传。

唐代科考的卷子不糊名，考生们的名气对于考官的评判有一定影响，所以当时有一种叫作“行卷”的风气——进京赶考的举子们为了让自己声名远播，得考官另眼相看，进京后会竭力结交名公巨卿，投递自己的诗文，以求其给出高度评价甚至引荐自己，谓之“行卷”。晚唐张固的《幽闲鼓吹》就记载了一个白居易初入长安行卷的故事。故事中说白居易刚入长安时，没有什么名气，他就带上自己的诗歌去拜访当时声名显赫的大诗人顾况。拜谒顾况的举子实在是太多了，估计他一开始也没有把这个小镇出身的无名小卒放在眼里，先看一眼名字“白居易”，就笑了，说“长安米价不便宜，长安居，大不易啊”，然后展卷开始看他的诗歌，开篇第一首就是《赋得古原草送别》。顾况不愧是一个真性情、有眼光的大诗人，一读就感到十分惊艳，当即赞叹不已，说“你能写出这样的诗句，居即易矣”，并欣然为白居易播扬声誉。白居易声名大振，果然当年就进士及第。

这个故事从唐朝开始流传，到今天依然为人津津乐道。虽然近年来据史学家们考证，白居易不论是写作这首诗还是进长安科考的时间都和顾况的时间合不上，但是诗人之间惺惺相惜的珍贵情感和美好际遇，让这个故事具有如春风中的野草一般蓬勃的生命力。

然而早慧的诗人却生在了一个不太平的时代。

时局动荡，让早慧的白居易不得不早早成熟。白居易 11 岁那年，淮西节度使李希烈叛乱，攻陷汝州（今河南汝州）、汴州（今河南开封），并联合朱滔等人各自称王，公然囚禁并杀害朝廷派遣的名臣、大书法家颜真卿。凶年连灾年，关中一带大饥荒，白居易不得不随着母亲逃到当时属徐州的符离（今属安徽宿州）去投奔父亲。谁知过了一年徐州一带又有战事，一家妇孺老弱只能又往南投亲靠友。在溧水县（今属江苏南京）当县令的叔父白季康家、在乌江县（今属安徽马鞍山）当主簿的堂兄家，都是白居易曾经的落脚处。从 13 岁到 19 岁，少年白居易来回奔走于江南的苏、浙、皖一带，避难、求学、漫游。

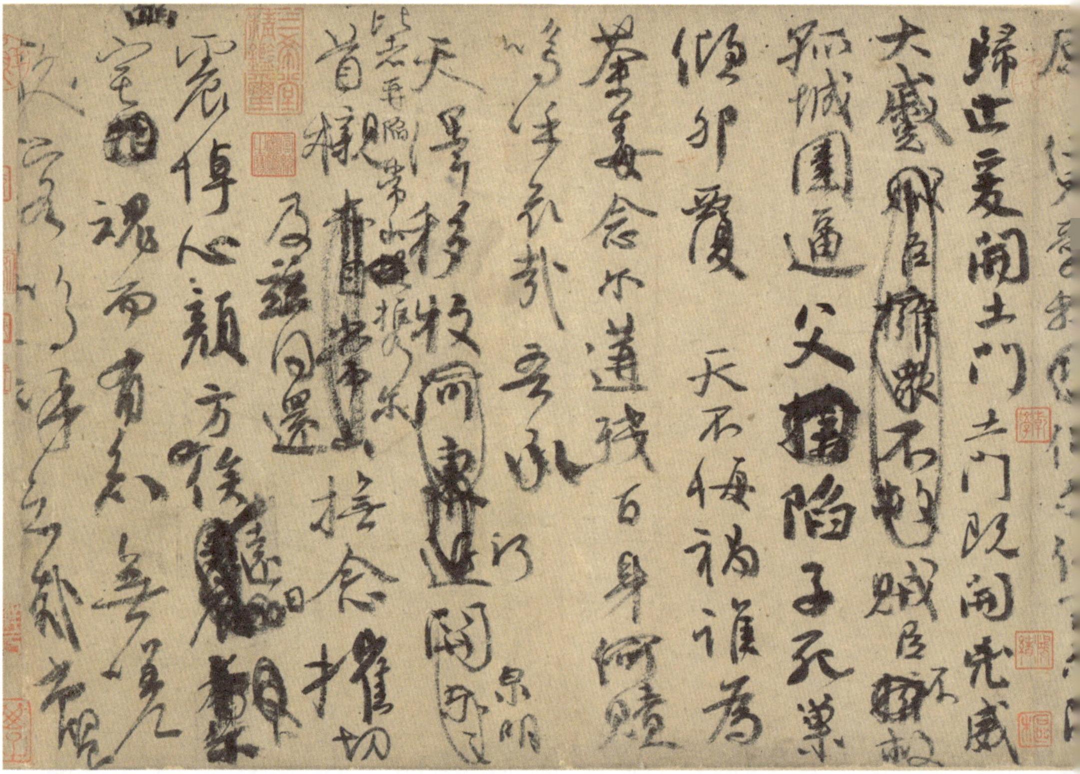

《祭侄文稿》　唐　颜真卿

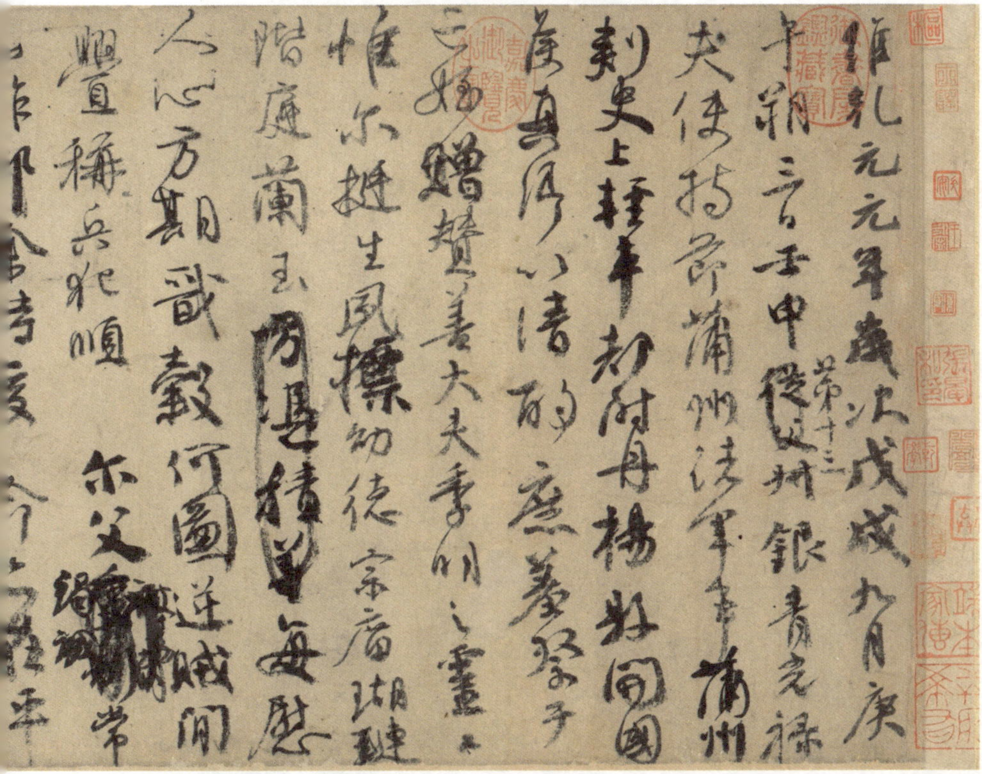

《关山行旅图》 南宋 萧照

国难民艰，早慧且早熟的白居易饱尝颠沛流离之苦。他明明 16 岁时就能写出“离离原上草，一岁一枯荣”的名句，却因家贫年幼且父亲官位卑微，无缘参加当时文人的风雅宴会，只能羡慕不已。他过着什么样的生活呢？饥饱不定、居无定所，骨肉离散、人如浮云。他在诗中写道：“昼行有饥色，夜寝无安魂。东西不暂住，来往若浮云。离乱失故乡，骨肉多散分。”（《朱陈村》）生活之惨淡可见一斑。

艰难困苦，玉汝于成。漂泊在乱世，与各个阶层特别是底层百姓的广泛接触，给贯穿白居易一生的创作主旨——“惟歌生民病”铺上了鲜明的现实主义的底色。黎民百姓深重的苦难和自身的遭遇交织在一起，在敏感早慧的诗人心中种下了为黎民百姓发声的种子，也让他树立了要兼济天下的理想。

“是岁江南旱，衢州人食人”（《秦中吟·轻肥》）、“可怜身上衣正单，心忧炭贱愿天寒”（《新乐府·卖炭翁》）、“婿作盐商十五年，不属州县属天子”（《新乐府·盐商妇》）、“地不知寒人要暖，少夺人衣作地衣”（《新乐府·红线毯》）……这些抨击丑恶社会、直击人心的诗句，以及其中蕴含的慷慨激昂的力量，都在这早熟少年的漫漫长途中积累沉淀，等待勃发。

02

十年常苦学，一上谬成名

——青年白居易

苦读、苦学、苦作，勤奋是青年白居易的底色。没有显赫豪富的家世，没有皇亲贵戚的提携，白居易要想逆转个人的境遇，乃至实现“兼济天下”的理想，唯一的途径就是科举考试。

然而，尽管白居易天资聪颖，五六岁时就能学诗，并在十五六岁时就明确树立科考高中的目标，开始以常人所不及的程度“苦节读书”，但偏偏由于“家贫多故”，命途多舛，他迟迟无法应试。贞元八年（792年），白居易的小弟白幼美（小字金刚奴）夭折，让全家特别是白居易的母亲伤心不已。贞元十年（794年），白居易的父亲白季庚于襄州（今湖北襄阳）任上去世，这给白家带来了沉重的打击。父亲是家中的支柱，他的故去让白家的经济变得窘迫。甚至白父的灵柩也无法搬运回乡，只能暂时安置在当地，一直到17年后白居易为母丁忧时，才得以迁回下邽安葬。因为父亲去世，白居易要守孝3年，期间不能参加任何考试。

自此以后，家中只有一个在浮梁县（今江西景德镇）当主簿的大哥白幼文，以微薄的禄米养家。当时白家搬回了河南洛阳，为了一家老小的温饱，

白居易曾“负米”从浮梁走到洛阳——“茫茫兮二千五百，自鄱阳而归洛阳”（《伤远行赋》）。长途跋涉2500里路，穿越山川河流，彷徨惶惑，这滋味白居易应该终生难忘，而这一路奔波养成的坚韧心性，也将让他受益终身。

白居易通过叔父白季康在宣州溧水县参加乡试时，已经27岁，比他同辈人的应试时间晚得多。与他同时代的才子们此时早已出头，如元稹，15岁就明经及第；柳宗元和刘禹锡是同年进士，及第时前者21岁，后者22岁。

但是，白居易在漫长潜伏期里收获的是更为丰厚的积淀和更

《山窗读书图》　清　王翚

为精湛的学问。白居易在县试中成绩优秀，又在州试中大展身手，他的才学出类拔萃，得到了考籍所在地宣州的刺史崔衍的推举，到长安参加省试。

白居易从此踏上了更为漫长的科考仕宦之途，但与少年时那条颠沛流离、饥寒交迫的路不一样，这条路也许险恶有之、颠簸有之、起伏有之、悲辛有之，但始终是一条世人艳羡的光辉之路，充满了少年渴慕的名利、权势、荣光、欢愉。

贞元十六年（800 年）的春天，白居易风尘仆仆地来到了长安，敝裘瘦马，孑然一身，此时的他已近 30 岁，“此生知负少年春，不展愁眉欲三十”（《长安早春旅怀》）。

按照当时的习俗，白居易将自己的杂文和诗稿投递给有名望的人士，以期打动他们，获得推荐。他在一篇写给一位姓陈的官员的书信中说：“居易鄙人也，上无朝廷附离之援，次无乡曲吹煦之誉。然则孰为而来哉？盖所仗者文章耳，所望者主司至公耳。”（《与陈给事书》）无依无靠的白居易，自谦为“鄙人”，唯一的依仗就是满腹才学和锦绣文章，这是他最大的底气。其中自然也有着他作为

《早春图》 北宋 郭熙

青年人的傲气，但这不是一句虚言。在省试中白居易考了第 4 名，一举得中，29 岁的他是同榜进士里最年轻的一位，正是“慈恩塔下题名处，十七人中最少年”。

这并不容易，当时形容进士考试的难度是“三十老明经,五十少进士”。白居易磨砺十数载,一朝出手,便锐不可当，在之后的考试中连战连捷、屡获佳绩。贞元十八年（802 年）冬应吏部书判拔萃科选试，授校书郎；元和元年（806 年）登才识兼茂明于体用科，授盩厔（今陕西周至）县尉。他在《与元九书》中回忆起这段往事时，说自己“十年之间，三登科第。名入众耳，迹升清贯。出交贤俊，入侍冕旒”，可见他当时的踌躇满志、意气风发。

唐代科举的兴盛，肇始于唐高宗之时，成于唐玄宗一代，在唐德宗之世达到巅峰。唐代科举主要包括制举与常举等。制举在唐朝开元年间到贞元年间最为兴盛，主要是为了选拔“非常之才”，考试科目众多，设置灵活，不定期举行，考生不论是否有出身和官职都可参加。常举是定期举行的考试，包括秀才、明经、进士、明法、明书、明算等科目，其中以进士科的竞争最为激烈。进士科始于隋朝，在唐朝贞观年间开始兴盛，并逐渐成为普通人晋身仕宦的主流方式。在唐代，为官的缙绅即使位极人臣，如果不是进士出身，终不为美。唐杜佑所著《通典》卷十五记载“其进士，大抵千人得第者百一二”，说明进士科的竞争已达到百里挑一的程度，许多名士才子都在进士科上折戟，备受磨砺之苦。与白居易属同代人的孟郊46岁时才登进士第，韩愈4次科举考试才中进士，可见应试之难。

在唐代，考中进士并不意味着获得官职，而只是获得了为官的资质，可以参加吏部的铨选。根据当时的制度，士人学子考取进士后，需要通过吏部铨选获得官职，任官期满后便离职下岗，之后若要任官职还须再考，择优分配。吏部铨选考校的内容多且严格，不仅涉及国计民生、施政纲领、方针提案等，还包括书写功力、判词文理、身材相貌、口齿言说，而且考校时间往往长达四五个月，唯有具备真才实学且品貌端正者才能通过。

得益于科举考试，一批批饱读诗书、经过训练的文儒型官吏走上政治舞台。据历史学家的研究，中唐时期，执政者认为当时最令人头疼的藩镇割据都是武夫作乱所致，于是大力提倡文治。而从统治者的角度，又希望能以文治的繁盛来粉饰表面安定、实则动荡的时局，因此对于科举取士越发热衷。种种原因，造就了中唐时期人才辈出的局面。“文起八代之衰”的古文运动、中国古代传奇小说的繁荣，源头都在这里。

数一数这些名字，白居易、元稹、韩愈、柳宗元、李贺、杜牧、孟郊、贾岛、刘禹锡、韦应物……这一长串星光灿烂的名字中，大部分人都是寒门苦读逆袭，通过科考晋身，而其中相当优秀的那一部分人，如白居易、元稹、韩愈、柳宗元、李绅等都曾位居三品及

《驴背吟诗图》　明　徐渭

以上，而且有主政一方的经历。初唐、盛唐的许多著名诗人远离政治中心，空有“致君尧舜上，再使风俗淳”的报国之情；晚唐时期诗人大多处境落寞或者颠沛流离，大诗人难得高官，身居高位者难有文名。比起他们，中唐时期的这一批身兼才名和禄位的士子，是时代的幸运儿，也是经过安史之乱后的大唐暂得安稳的支柱。他们的存在，照亮了中唐黯淡的历史天空。

校书郎是白居易进入仕途后得到的第一个官职，属秘书省，管理一切图书典籍。唐朝重视图书典籍，多次大规模抄修书籍。古人称图书典籍为“秘宝”，秘书省的名称就源于此。校书郎是年轻文官的进身之阶，儒士都以任校书郎为荣。

白居易任校书郎期间最大的变故，是唐德宗、唐顺宗、唐宪宗三任皇帝的更替：德宗于公元 805 年驾崩；继位的顺宗推行“永贞革新”，仅仅 8 个月后，就被宦官集团逼迫禅位；太子李纯即位，是为宪宗。初出茅庐的白居易面对波诡云谲、更迭频繁的朝政局势，人微言轻，无法作为，于是决定另辟蹊径。得益于国家制度的庇护，白居易在考取校

《香林挥翰图》　南宋　佚名

书郎功名之后至授盩厔县尉之间，做了一件前人没有做过的事——撰写科考应试读本《策林》，这成为中国编著考辅材料的滥觞。也有人认为白居易科举时结识并成为他一生挚友的元稹也参与了《策林》的编写。元稹也是《策林》的最大受益者，他在随后的制举中排名第一，成绩甚至高于白居易。

这不是白居易第一次写考辅材料，早在数年前准备吏部书判拔萃科考试时，他就撰写了《百道判》一书。这部书是根据可能考校的内容撰写的100道模拟判词，类似于现在各种考试的模拟真题及其答案。该书在学子中风靡一时。

但《策林》又不同于《百道判》，书中75篇策论体现了白居易从少年时期以来的感性见闻在经过青年时期的读书思考之后，形成的比较成熟和稳定的政治主张。时局险恶，土地兼并、藩镇割据、宦官专权、帮派对峙、冗官冗员、权贵奢靡等弊病丛生。白居易目睹国家危难，思革除弊，直指矛盾，提出了为君之道、施政之略、选能之举、吏治之法、刑罚之术、治军之方、悯民之策、文教之施等8项主张。《策林》“以天下心为心”“以百姓欲为欲”，这不仅是白居易诗文创作的基础，也是他践行一生的政治理想。

曾有学者这样概括总结《策林》：“以民为本的儒家情怀、重振国威的使命意识、有犯无隐的批评精神、尚明崇圣的复古理念、客观理性的辩证色彩。”只有读懂了《策林》，才能理解以白居易为代表的中唐士人们以仁心热血为笔书写灿烂诗篇的理想情怀，和以国家兴亡为己任所彰显的“舍我其谁”的主人翁意识。这就是光耀千年的大唐风姿，这就是兼济天下的士人风骨。

三年清贵校书郎，三年读书兼思考。有人戏言，图书管理员是一个级别不高但是容易产生伟大人物的岗位，如先秦时代的老子。白居易比老子清闲，唐朝京署一般只上半天班，中午在食堂用餐后，没事就可以散了。

校书郎的工作并不繁重，俸禄却不低，白居易得以供养家庭，优游山水。最重要的是他在这一时期结识了许多相交一生的朋友。他在一首题为《常乐里闲居，偶题十六韵，兼寄刘十五公舆、王十一起、吕二炅、吕四颖、

《秋山文会图》　宋　佚名

崔十八玄亮、元九稹、刘三十二敦质、张十五仲方，时为校书郎》的诗里说：“既无衣食牵，亦少人事拘……兰台七八人，出处与之俱。”可见日子非常潇洒。其实从诗题也能看出，白居易的朋友不仅多，而且和他年纪相仿、才情相近、性情相投。来自天南海北且博学多才的年轻朋友们活力四射，虽不乏纵酒风流之举，但更多的还是思想碰撞、互相交流。和他们的相处不但没有让白居易因为玩乐放纵自己，反而使他在相互交流、暗中较量中更加刻苦。

“攻文朝矻矻，讲学夜孜孜”，白居易日夜讲学论文，甚至还和好友元稹借住到寺庙，关门闭户、废寝忘食地读书作文，长达数月，最终写出了《策林》。

从公元800年到公元806年的长安6年中，白居易从初入长安便一举成名、文战连捷的兴奋中慢慢沉淀下来，一刻不放松地学习，和朋友们相互讨教、相互促进。在这样的日子里，白居易初步脱离了为家计担忧的窘迫，褪去了初入仕途的青涩，迅速成长起来。

03

天长地久有时尽，此恨绵绵无绝期

——白居易与《长恨歌》

元和元年（806 年），白居易登才识兼茂明于体用科，授盩厔县尉，此时他 35 岁。盩厔县隶属京兆府，在唐朝“京（赤）、畿、望、紧、上、中、下”7 个等级的县中属于第二等，设有县令（正六品上）一人、县丞一人、县尉二人、主簿一人。盩厔县的县尉属于正九品下，要“亲理庶务”，催办劳役、催缴税收、催征兵役，完成各项任务指标和考核。琐碎烦心、劳心劳力不说，还要催逼县内属民，各种搜刮、摊派。这让同情百姓疾苦的白居易痛苦不已。他在《盩厔县北楼望山》一诗中写到自己“一为趋走吏，尘土不开颜”的郁闷，又说自己上任来到山川优美的盩厔，却没有心情游赏，辜负了自己的眼睛。

工作的烦琐和基层锻炼让白居易对当下的制度与官民关系有了更深入的观察和思考。在盩厔期间，他写了《观刈麦》《卖炭翁》等 30 多首诗。在《观刈麦》中他写到农家贫妇人因为“家田输税尽”，只能在别人收割过的田里拾麦子充饥，想到自己作为一个官吏“吏禄三百石，岁晏有余粮”，他不仅没有自鸣得意，庆幸免于贫困，反而“念此私自愧”，并且终日不能释怀。

在盩厔的日子里，工作让白居易倍感辛苦，好在他的同僚对他很理解，也很配合。白居易在盩厔县还认识了一帮好朋友，其中有隐居赋闲的名流、折节读书的士子，这让白居易在公事之余能转换心情、诗酒相娱，获得不少的安慰。

因为年龄相近、志趣相投，白居易乐天的本性在朋友们面前得到释放，大家相交日深，朋友们对他的谈吐和才情越发喜爱。他们纵情山水、畅谈时事，不知不觉就诗情迸发。在一次和朋友们的饮酒长谈中，千古绝唱《长恨歌》横空出世，从此光耀千秋。

为什么白居易会在盩厔创作《长恨歌》呢？这就要说到盩厔这个地方的特别之处。盩厔距离长安50多公里，背靠终南山，北依渭水，《元和郡县图志》说“山曲曰盩，水曲曰厔”，可见此地山环水复、风光秀丽。隋朝时隋文帝路经盩厔，被风景吸引，于是在这里修建行宫，命名为“仙游宫”。到白居易在盩厔为官时，仙游宫已改成仙游寺，成为当地人游玩的一处古迹。这里距离当年杨贵妃香消玉殒的马嵬驿只有不到25公里。

《松荫聚饮图》　元　唐棣

那天，白居易和他的朋友陈鸿、王质夫携酒出游，来到了仙游寺。仙游寺的风景，从白居易后来写的《送王十八归山寄题仙游寺》一诗中可见一斑：“黑水澄时潭底出，白云破处洞门开。林间暖酒烧红叶，石上题诗扫绿苔。”红叶漫山林，深潭映白云，这就是白居易经常和友人盘桓之处的景色。他在熟悉的风景里与熟悉的朋友饮酒，谈天说地，无所顾忌。也许是“仙游”二字让人的思绪放飞，也许是时局之乱让人不由得怀念安史之乱以前的好时候，也许是相隔不远的马嵬坡偶然成为话题，也许是谈论一代帝王唐玄宗从励精图治到荒淫误国的事迹是中唐时代的一种流行，想必白居易对此事发表了与众不同的观点，从而让朋友们顺势提出：你既然有此高论，又有如此才华，何不以此事创作一首长诗？陈鸿的《长恨歌传》记录了当时的场面，另一友人王质夫举起酒杯在白居易面前说：“绝代的故事，如果没有遇到有绝世才华的人对其进行润色记录，就会与时消没，不闻于世。你白乐天既有深厚的诗歌造诣，又是个深情人，为什么不试着写一曲长歌呢？”这个提议合情合理，极具煽动性，多才、多情如白居

《秋云红叶》　清　张宗苍

《贵妃出浴图》
清　顾见龙

易岂有不答应的道理。他欣然命笔，于是一首绝代名篇横空出世。

《长恨歌》全篇120句，840字，堪称鸿篇巨制，不仅诗歌流传后世，而且由这首诗衍生出来的戏曲、演剧、传说更是风靡世间，让唐玄宗这个人物脱离了历史的评价而活跃于艺术的时空。很难想象，如果没有白居易的《长恨歌》，那么前半生励精图治、后半生荒淫误国的唐玄宗李隆基将会以何等面目存世。更绝妙的是，世人皆知《长恨歌》写的是唐玄宗和杨贵妃的故事，但是如果只读文字，就会发现诗中是没有挑明主角就是这两人的。既没有唐玄宗、杨贵妃的称呼，也没有具体的年号，白居易把男主角移到汉朝成为“汉皇”，女主角也只是一个姓杨的女子，诗歌后半段对临邛道士的设计也是仿照汉武帝和李夫人的故事。华清池的温泉、《霓裳羽衣曲》、渔阳鼙鼓导致的御驾西南行，这些人人皆知的事情都是隐语，是白居易和读者心照不宣的秘密。

对于杨贵妃是否为红颜祸水，白居易的态度相对于他所处的时代来讲，是比较超前的。比起杜甫“不闻夏殷衰，中自诛褒妲”（《北征》），把杨贵妃

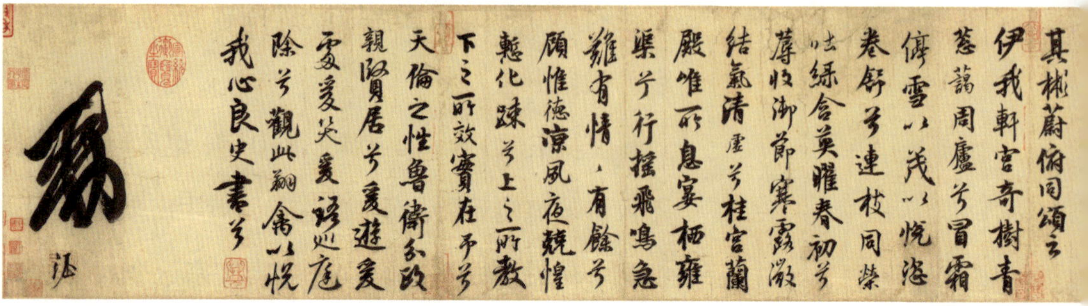

《鹡鸰颂》　唐　李隆基

和褒姒、妲己进行类比，并用对有罪之人进行正义惩罚的“诛”字，来表达对杨贵妃“祸国”的批评态度，白居易的诗里并没有太多同题材里常见的对杨贵妃“祸国殃民”的责难。

《长恨歌》里谴责的主体是皇帝，一个更重视自己的私欲而不是臣民百姓的君主（“汉皇重色思倾国”)，一个放纵自己欲望并滥用权力的执政者(“姊妹弟兄皆列土”），一个被声色娱乐遮蔽从而懒政怠政的首领（“从此君王不早朝”）。谁是那个“御宇多年求不得”因而遍搜美女的人？谁是那个把“养在深闺人未识”的少女选入宫中的人？谁是那个将三千宠爱随心所欲放在一人之身的人？谁是那个让

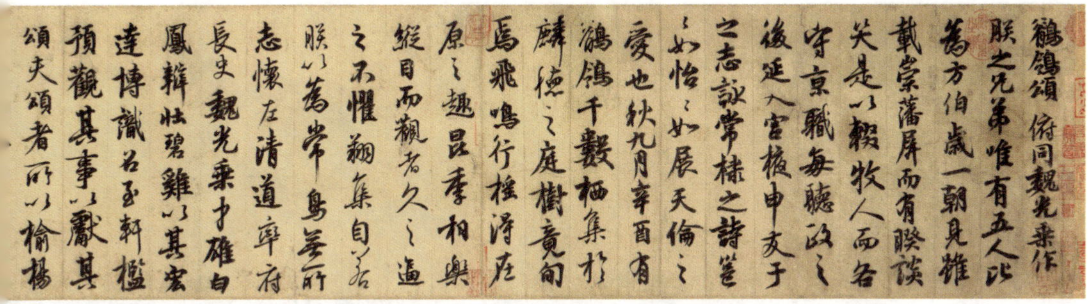

杨贵妃“春从春游夜专夜”的纵情欢乐的人？谁是那个有权力让全天下人“不重生男重生女”的人？正是皇帝本人。《长恨歌》从一开头就已经暗示我们，安史之乱并不是从“春宵苦短日高起，从此君王不早朝”开始的，而是从“汉皇重色思倾国”就开始了，根源在于居于权力中心的皇帝。这种论调与白居易在《策林》里提出的“人之困穷由君之奢欲”是一致的。

而陈鸿在《长恨歌传》里说诗歌创作的目的是“惩尤物，窒乱阶，垂于将来者也”，则值得商讨。纵观《长恨歌》，让人印象最深的不是里面的“讽喻”“劝谏”“美刺”，而是多情、深情、真情。这首诗以景写情，情景交融，句句含情，字字动人，

《摹张萱虢国夫人游春图》（传）　北宋　赵佶

把一段原本存在许多非议的风流韵事升华成了生死不渝的爱情绝唱，把一个也许只是姿容、技艺出众的宠妃刻画成了风情万种、倾倒岁月的绝代佳人，把一位毁誉参半、受人诟病的皇帝塑造成了令人同情、引发共鸣的有情人。这是情的魅力，是诗的魅力，也是白居易的魅力。

这份深情源于何处？白居易 35 岁还未成婚，这个年纪放到现代也属于大龄，他进士及第、容貌不丑，而且才华横溢，为什么还未婚配呢？有人说白居易早年家贫，位卑人微，难入贵人眼，而他自负才学，志向远大，他的外祖母和母亲都来自官宦家庭，一般人家的婚配对象他也不愿将就，先立业、后成家

《宫中行乐图》 北宋 郭忠恕

更有利于他施展抱负。如果真是这样，白居易于6年前进士及第，还是同届中最年轻的一位，虽然唐朝不盛行榜下捉婿，但这个身份也够他谈婚论嫁了。或者3年前他授职校书郎时，也是议婚的好时机，何必拖延至今呢?

也有专家认为，白居易是因为早年间的恋人湘灵才一直拖着不肯成婚。检索、分析白居易的诗歌，可以发现《邻女》《寄湘灵》《长相思》等20余首可能与之相关的诗作。从这些诗中，读者大致可以拼凑出白居易与一位灵秀可爱的邻女湘灵相识、相恋、分离、相思、失散的故事。这位姑娘出身农家，是白居易早年在符离居住时的邻居，比白居易小 4 岁。这一段情感跨越 20 多年，从对少女 15 岁时“娉婷十五胜天仙，白日姮娥旱地莲”（《邻女》）的青涩情动，到分别后“思君秋夜长，一夜魂九升”（《长相思》）和“艳质无由见，寒衾不可亲”（《冬至夜怀湘灵》）的相互思念，其间还有“十五即相识，今年二十三”（《长相思》）的感叹，但终究是“佳期与芳岁，牢落两成空”（《感秋寄远》）的苦恋未果，无法成婚。通过白居易的《感情》一诗，我们知道湘灵心灵手巧，曾绣过一双“锦表绣为里”并饰以花草图案的鞋作为礼物送给他，而白居易多年来一直保留着这份礼物，连贬谪到江州都带着。我们也知道在白居易 40 多岁时两人曾偶遇，“我梳白发添新恨，君扫青蛾减旧容”（《逢旧》），一见之下两两惆怅，让旁人都感到惊怪。从此以后他们失散于江湖，再也无缘相见。相传 50 多岁的白居易偶然路过湘灵旧居，却见人去楼空，唯有蛛网锁门。在白居易的暮年，已是心如死灰的老人不知什么缘故，突然又梦见了这位故人，写下“平生忆念消磨尽，昨夜因何入梦来”（《梦旧》）的诗句。可见他对这段感情始终难忘，始终遗憾。

唐朝的婚姻缔结极为看重门第和出身，婚姻关系与士人的前程紧密相连，士大夫之家不与寒门缔结婚姻，更遑论平民农家。白居易作为肩负着振兴白氏家族、光耀门楣重担的人，他的婚姻怎可能随心所欲？从 19 岁与湘灵相恋到 37 岁与杨氏女成婚之间的 18 年间，白居易是否曾竭力争取过突破身份藩篱和湘灵在一起的机会，后人已经无从得知，或许他久久不成婚就足以表明态度了吧。

白居易对于这段恋情是否“深于情”，可以读读这些诗句：“愿作远方兽，步步比肩行。愿作深山木，枝枝连理生。”（《长相思》）“河水虽浊有清日，乌头虽黑有白时。唯有潜离与暗别，彼此甘心无后期。”（《潜别离》）可以看出这些诗句已经初具“在天愿作比翼鸟，在地愿为连理枝。天长地久有时尽，此恨绵绵无绝期”的意味和境界了。只有如此深情的白居易，才是朋友眼中众望所归的能书写绝代情辞之人；也只有如此才情的白居易，才能笔落惊风雨，写出感天动地、情态万状的诗篇。

当其他诗人在唐玄宗和杨贵妃的情事里看到艳情、奇情、薄情甚至是畸情时，白居易看到了人之爱美的常情、权势熏天之下的真情、命运弄人的无情和对求而不得的同情。这里面有他自身感情的投射，有他以深情对抗无情命运的抗争，还有他对于一切有情都难免变为无情的怅然。

当然，《长恨歌》的成功只谈“情”之一字是不够的。白居易在时间跨越数十年，涉及开元盛世、宫闱内情、安史之乱、皇帝出逃、马嵬兵变、玄宗幸蜀、收复长安、御驾回京等纷繁复杂的历史事件的基础上，又添加了虚构的行宫伤情、道士寻仙、太真赠物等情节，还避开了李杨二人相恋但不合于人伦的身份和来龙去脉，内容设计复杂却始终主线清晰、丝毫不乱。场景转换心随意动，不管是国难城破、惊天动地的宏大战争场景，还是夜雨霖铃、夕殿萤飞的幽微个人特写；不管是贵妃被赐死的残酷场面，还是海外仙山的缥缈布景；不管是“上穷碧落下黄泉”的人间天上穿梭，还是“蓬莱宫中日月长”“不见长安见尘雾”的前世今生幻影，白居易都以汪洋恣肆的才气和天马行空的想象力，举重若轻，写得不落窠臼，没有丝毫穿凿痕迹。

主题突出、思路奇崛的布局谋篇，虚实相生、跌宕起伏的叙事安排，看似随心所欲、实则结构严谨的情节布置，特别是以景写情、因情生景、情景交融的氛围渲染，皆是《长恨歌》的成功之处。白居易挥舞着如椽大笔，心随意动、意到笔随，正叙、插叙、倒叙穿插纵横，将一段帝王宠妃的情事与大唐盛衰、人生哀乐相扭结，再现了一个盛世的倾颓，写出了上到皇族显贵、下到百姓平民的无奈与无力，道出了国倾城破、盛极而衰的历史纵深感，以及荣辱悲欢、生死爱恨的人性苍凉。而杨太真由生入死、死而复生的安排，又凸显了“情”之一字的生死不渝。不论是开头奇峰突起的“杨家有女初长成”，结尾余音绕梁的“此恨绵绵无绝期”，还是“渔阳鼙鼓动地来，惊破霓裳羽衣曲”的绝妙转场，都是神来之笔。

单论音节流利、韵律铿锵、余音婉转、朗朗上口，《长恨歌》就已经具备了脍炙人口、流传千古的特质，更不消说那华丽的辞藻、精巧的炼句。整首诗收放自如、极具张力，佳句迭出、异彩纷呈：“养在深闺人未识”“天生丽质难自弃”“回眸一笑百媚生，六宫粉黛无颜色”“春宵苦短日高起，从此君王不早朝”“梨花一枝春带雨”“七月七日长生殿，夜半无人私语时”“在天愿作比翼鸟，在地愿为连理枝”……写到美，能让杨贵妃回眸一笑时晶灿灼人的明眸在读者眼前流转生辉；写到哀，能让凄风冷雨里行宫的细微铃音隔着千年时光在读者耳边响起。恍若莺啼高柳的春光，忽如萤流衰草的秋夜，尽态极妍。随着时光变换，青春爱恋转瞬变为生离死别，竟至孤独终老，视觉的冲击力、审美的高峰体验，让人神魂颠倒。以诗的语言、诗的韵律、诗的节奏将一段历史演绎故事写得如此完整周详、细致生动、浪漫迷离、情感真挚，殊为难得。更难能可贵的是，《长恨歌》作为长篇叙事诗，是中国诗歌史上的一朵奇葩，证明了中国诗人具有写作长篇叙事诗的才力，中国读者也具有欣赏长篇叙事诗的意愿和能力。

一个帝王的深情，若其身不正、其心不明、其欲不遏、其政不行，则是一场灾难，不仅是个人的

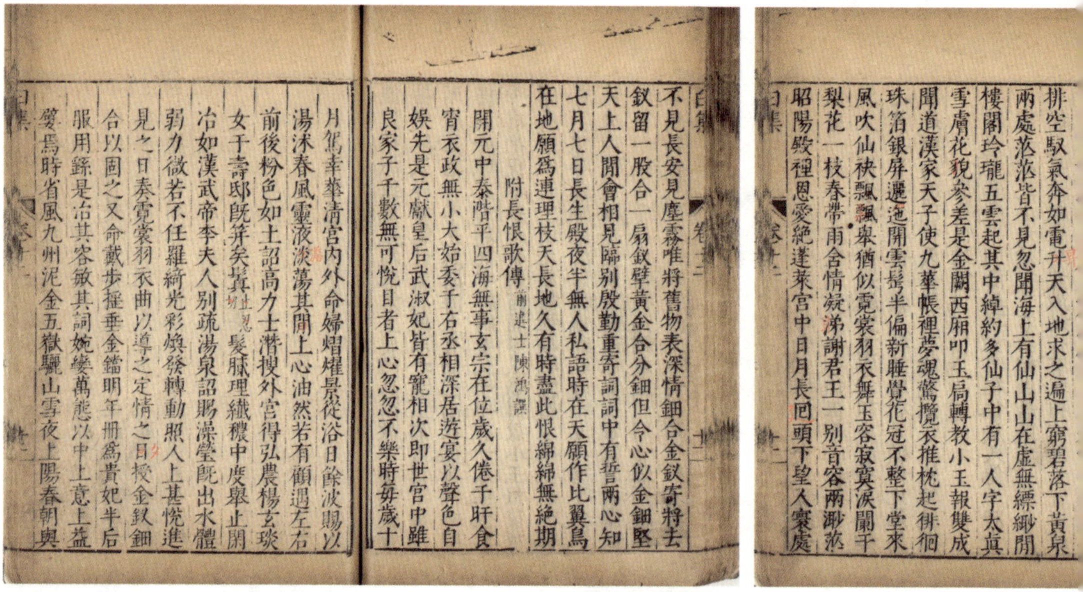
排空馭氣奔如電升天入地求之遍上窮碧落下黃泉
兩處茫茫皆不見忽聞海上有仙山山在虛無縹緲間
樓閣玲瓏五雲起其中綽約多仙子中有一人字太真
雪膚花貌參差是金闕西廂叩玉扃轉教小玉報雙成
聞道漢家天子使九華帳裡夢魂驚攬衣推枕起徘徊
珠箔銀屏邐迤開雲髻半偏新睡覺花冠不整下堂來
風吹仙袂飄飄舉猶似霓裳羽衣舞玉容寂寞淚闌干
梨花一枝春帶雨含情凝涕謝君王一別音容兩渺茫
昭陽殿裡恩愛絕蓬萊宮中日月長回頭下望人寰處

不見長安見塵霧唯將舊物表深情鈿合金釵寄將去
釵留一股合一扇釵擘黃金合分鈿但令心似金鈿堅
天上人間會相見臨別殷勤重寄詞詞中有誓兩心知
七月七日長生殿夜半無人私語時在天願作比翼鳥
在地願為連理枝天長地久有時盡此恨綿綿無絕期

附長恨歌傳 唐進士陳鴻撰
開元中泰階平四海無事玄宗在位歲久倦于旰食
宵衣政無小大始委于右丞相深居遊宴以聲色自
娛先是元獻皇后武淑妃皆有寵相次即世宮中雖
良家子千數無可悅目者上心忽忽不樂時每歲十
月駕幸華清宮內外命婦熠燿景從浴日餘波賜以
湯沐春風靈液澹蕩其間上心油然若有顧遇左右
前後粉色如土詔高力士潛搜外宮得弘農楊玄琰
女于壽邸既笄矣鬒髮膩理纖穠中度舉止閑
冶如漢武帝李夫人別疏湯泉詔賜澡瑩既出水體
弱力微若不任羅綺光彩煥發轉動照人上甚悅進
見之日奏霓裳羽衣曲以導之定情之夕授金釵鈿
合以固之又命戴步搖垂金璫明年冊為貴妃半后
服用繇是冶其容敏其詞婉孌萬態以中上意上益
嬖焉時省風九州泥金五嶽驪山雪夜上陽春朝與

《长恨歌》　唐　白居易　明万历三十四年（1606年）松江马元调鱼乐轩刊本

灾难，还会造成国家的灾难。其情越真越深，结局越悲越惨，令人深思，不由得让人掩卷长叹。白居易的讽喻主旨不是刻板教条式的道德鞭挞，而是无声却重如宿命的因果规劝。

白居易以千锤百炼的语言，造就这首诗瑰丽奇幻的意境。白居易的诗歌被同时代诗人刘禹锡评为“郢人斤斫无痕迹，仙人衣裳弃刀尺”，也就是说不露痕迹、天衣无缝。清代赵翼《瓯北诗话》评价

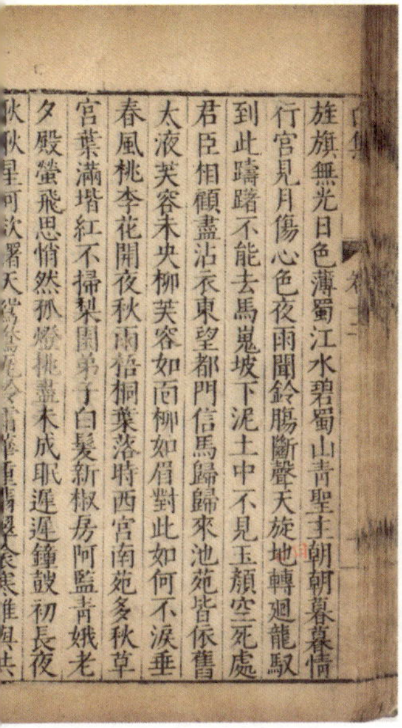
旌旗無光日色薄蜀江水碧蜀山青聖主朝朝暮暮情
行宮見月傷心色夜雨聞鈴腸斷聲天旋地轉迴龍馭
到此躊躇不能去馬嵬坡下泥土中不見玉顔空死處
君臣相顧盡沾衣東望都門信馬歸歸來池苑皆依舊
太液芙蓉未央柳芙蓉如面柳如眉對此如何不淚垂
春風桃李花開夜秋雨梧桐葉落時西宮南苑多秋草
宮葉滿階紅不掃梨園弟子白髮新椒房阿監青娥老
夕殿螢飛思悄然孤燈挑盡未成眠遲遲鐘鼓初長夜
耿耿星河欲曙天

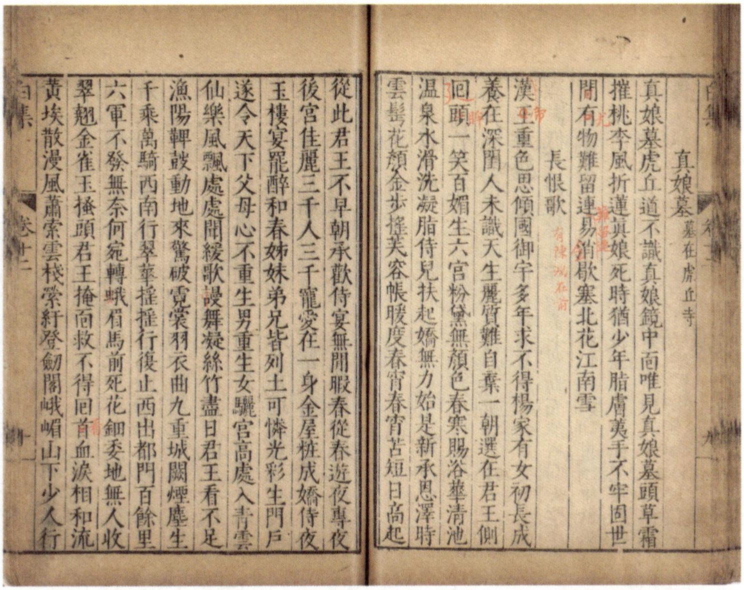
真娘墓 墓在虎丘寺
真娘墓虎丘道不識真娘鏡中面唯見真娘墓頭草霜
摧桃李風折蓮真娘死時猶少年脂膚荑手不牢固世
間有物難留連易銷歇塞北花江南雪
長恨歌
漢皇重色思傾國御宇多年求不得楊家有女初長成
養在深閨人未識天生麗質難自棄一朝選在君王側
回頭一笑百媚生六宮粉黛無顔色春寒賜浴華清池
溫泉水滑洗凝脂侍兒扶起嬌無力始是新承恩澤時
雲鬢花顔金步搖芙蓉帳暖度春宵春宵苦短日高起
從此君王不早朝承歡侍宴無閑暇春從春遊夜專夜
後宮佳麗三千人三千寵愛在一身金屋粧成嬌侍夜
玉樓宴罷醉和春姊妹弟兄皆列土可憐光彩生門戶
遂令天下父母心不重生男重生女驪宮高處入青雲
仙樂風飄處處聞緩歌謾舞凝絲竹盡日君王看不足
漁陽鞞鼓動地來驚破霓裳羽衣曲九重城闕煙塵生
千乘萬騎西南行翠華搖搖行復止西出都門百餘里
六軍不發無奈何宛轉蛾眉馬前死花鈿委地無人收
翠翹金雀玉搔頭君王掩面救不得回首血淚相和流
黃埃散漫風蕭索雲棧縈紆登劍閣峨嵋山下少人行

白居易“其笔快如并剪，锐如昆刀，无不达之隐，无稍晦之词；工夫又锻炼至洁，看是平易，其实精纯”；更赞美《长恨歌》“以易传之事，为绝妙之词，有声有情，可歌可泣。文人学士既叹为不可及，妇人女子亦喜闻而乐诵之。是以不胫而走，传遍天下”。用现代的观点来看，就是《长恨歌》“出圈”了，不只文人雅士，连女性朋友都喜闻乐见，天下传扬，可谓风靡一时。无论高官显贵还是贩夫走卒，都对其痴迷不已，津津乐道。元稹曾经感叹白居易诗歌流传之广，称自有文字来，还从没有过如此盛况。《长恨歌》作为其代表作，当时恐怕也没有哪一首诗还能够有如此广泛的传唱度。

没有人知道白居易创作《长恨歌》花了多长时间，他以至情至性的人生体验和 30 多年积累的才华和学识造就这一旷世之作，他和湘灵苦恋不得的遗憾也借由《长恨歌》得以释放。次年他开始议婚，两年后他与长安名门望族同时也是知交好友的杨虞卿的堂妹杨氏成婚。巧的是，据说杨氏和杨贵妃一样出身于弘农杨氏。

04

士生一代间，谁不有浮沉

——壮年白居易

《长恨歌》的传播让长安城里的名流知晓了白居易的名字，也给这位苦闷的基层县尉带来了破格提拔的机会。

元和二年（807 年），时任集贤殿大学士的武元衡奏请增补“集贤校理”人选，白居易因知名度高、在前几次考校中实力突出而入选。幸运的是他遇到了一位中兴之主——唐宪宗李纯，此时唐宪宗继位不久，踌躇满志，重用新兴的进士集团，以此和旧官僚集团、宦官集团抗衡。

经过唐宪宗的批准，白居易离开了盩厔县，进京赴任。不久又被授予翰林学士一职。唐代最著名的翰林学士非李白莫属，那时的翰林学士职权并不清晰，人员身份也比较复杂，如李白就是以布衣的身份任职。到了唐宪宗时期，翰林学士隶属于翰林学士院，只有 6 个名额，大都要有进士身份和官职才能担任。和白居易同时担任翰林学士的有崔群、王涯、李绛等人，都是励志改革的同道中人，后来都得到重用，官至尚书、宰相，可见白居易此时受到的重视。

元和三年（808 年）春天，白居易任翰林学士

《锁谏图》（传） 唐 阎立本

数月后，被授予左拾遗一职，级别也提高至从八品上。这年夏天，37 岁的白居易与杨氏成婚。政治抱负得以施展，个人感情也有了归宿，白居易的人生翻开了崭新的一页。

在白居易一生中担任的官职里，左拾遗一职也许是最称他心意的。拾遗的意思是捡起皇帝所遗漏的东西，官职不高却责任重大，职责是当面或者以奏表的形式直接向皇帝提出意见和建议，“大则廷议，小则上封”，而且要敢于直言，不能怕冒犯皇帝与权贵或者因爱惜羽毛而不敢发声。

唐宪宗继位以来，大力鼓励大臣直言进谏，自

己也虚心听取谏言。左拾遗一职正合白居易的心思，“惟歌生民病，愿得天子知”（《寄唐生》），他从写作《策林》就开始总结对时局弊政的思考，在盩厔的基层磨砺让他更为深入地了解了社会面貌和动态，如今得到皇帝的重用，更激起了他为民发声的热情和当仁不让、舍我其谁的使命感。他无比珍视这个机会，“食不知味，寝不遑安。唯思粉身，以答殊宠”（《初授拾遗献书》），决心要履职尽责，有漏必规，有失必谏，将荣辱得失置之度外。

减免江淮灾民租税、释放大龄宫人出宫、停止河北用兵、力阻在地方上搜刮财物进京送礼跑官的

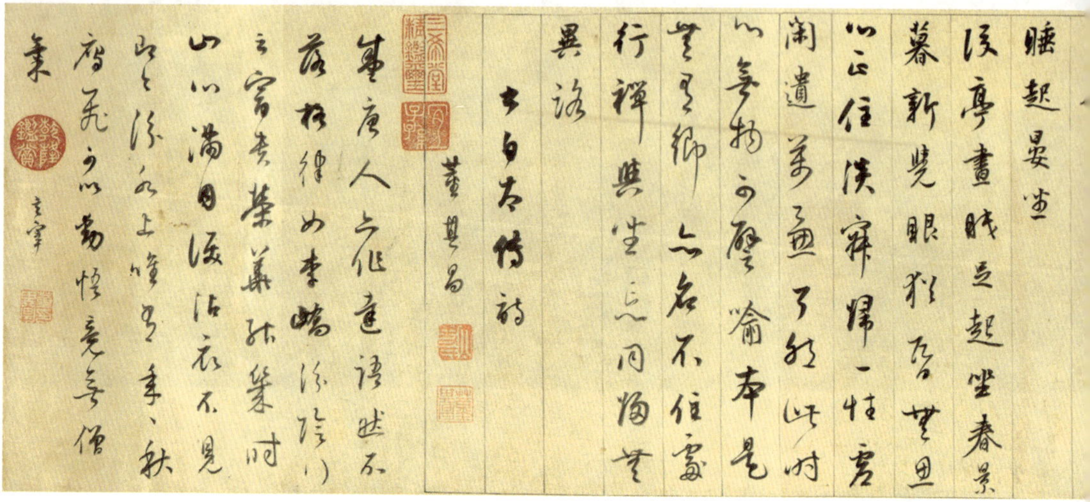

《白居易乐府》 明 董其昌

淮南节度使王锷求做宰相、在制科案一事上谴责时任宰相的李吉甫、反对宦官吐突承璀任“诸军招讨处置使”……白居易就事论事，直言正谏，数千百言，披肝沥胆，矛头直指时弊，不仅说出了旁人所不敢说的，而且刺中了官僚集团、宦官集团的痛处。唐宪宗对于白居易的谏诤，有所采纳，但是对他的喜爱却渐渐消失。

在进谏之外，白居易利用大众对他的诗歌的关注和喜爱，将更多难以写成奏表的意见写成诗歌，所谓“救济人病，裨补时阙，而难于指言者，辄咏

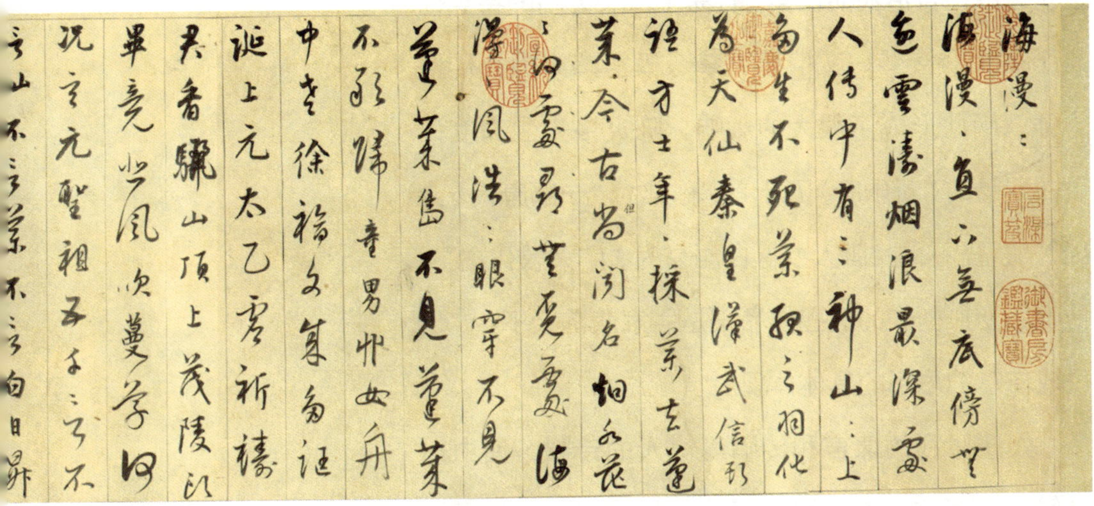

歌之”，以图引起皇帝、朝臣和各阶层的重视。白居易在诗歌中对唐朝开国以来近200年间的政治、军事、民生、经济、文艺等诸多事务进行评议，涉及面极其广泛而深入，特别是《新乐府》，“凡九千二百五十二言，断为五十篇”，白居易生怕人们误读，把每一首的主旨都明确地点出来，如“《海漫漫》戒求仙也”“《新丰折臂翁》戒边功也”“《驯犀》感为政之难终也”“《蛮子朝》刺将骄而相备位也”“《八骏图》戒奇物惩佚游也”“《杜陵叟》伤农夫之困也”“《黑潭龙》疾贪吏也”“《秦吉了》哀冤民也”……

这些诗歌语言清浅明快，具有易于口头传唱的特点，易于被大众接受；又情感真挚、极富感染力，传播力强，因此形成了很大的影响。陈寅恪先生高度评价白居易的《新乐府》五十首，称其为“一部唐代《诗经》”。怪不得晚唐人要尊白居易为“广大教化主”，他呕心沥血创作的这些作品正是儒家兼济天下、“化民成俗”的思想的具体体现。

如此犀利的谏言和传唱度惊人的诗歌，使白居易触动了多方利益，引起了他们的嫉恨。白居易在写给元稹的信中举例说：“闻《秦中吟》，则权豪贵近者相目而变色矣。闻《乐游园》寄足下诗，则执政柄者扼腕矣。闻《宿紫阁村》诗，则握军要者切齿矣。”（《与元九书》）其实，他哪里不知道官场险恶，在《太行路》里他说：“君不见，左纳言，右纳史。朝承恩，暮赐死。”臣子的荣辱生死只在皇帝的一念之间，但是一个有着政治理想抱负的人，又岂能苟且退缩、随波逐流呢？他在《折剑头》中借吟咏断折的剑头来表白志向：“我有鄙介性，好刚不好柔。勿轻直折剑，犹胜曲全钩。”精神世界的刚直与孤高，绝不容许他同流合污。

权贵近臣们恼恨白居易，而由于白居易的才情而破格提拔他的唐宪宗，也因为白居易的几次直言劝谏而有所不满。特别是在反对河北用兵及任命宦官吐突承璀为兵马统帅一事中，白居易几度情辞激烈，甚至当面对唐宪宗说出类似“陛下错了”的话语，让唐宪宗恼怒不已。《旧唐书》和《新唐书》都记载了唐宪宗对旁人的抱怨：“白居易这小子是朕亲自提拔的，可他居然对我无礼。”幸亏当时是翰林学士承旨李绛在旁——他和白居易交情不错，在他的婉言劝解下，唐宪宗才没有发作，但是从此有意将白居易调离谏官的职位。

元和五年（810 年），白居易左拾遗任满，唐宪宗借着给他升职的名义，让白居易自请为京兆府户曹参军，不再担任谏官。第二年，白居易的母亲去世，他回下邽服丧，离开了权力中枢，也失去了皇帝的宠眷。

政治上受到打击，紧接着亲人离世，对白居易来说，这是一段消沉黯淡的光阴。“亲执诗书”，教导、培育并一直支持自己的母亲去世，3 岁的女儿金銮子也突然急病夭亡，使得白居易“朝哭心所爱，

《柴桑招隐图》　明　沈周

暮哭心所亲”（《自觉二首》其二），竟至一病不起。康复以后他整理心情，将寄存在他乡的祖父、父亲等人的棺柩都回迁，安置在下邽。接下来 3 年的丁忧时间里，白居易读陶渊明诗，效仿陶渊明躬耕渭南，从一名官员做回了平民，“谷苗深处一农夫，面黑头斑手把锄”（《得袁相书》）。

后世史学家们研究白居易生平，探究他为什么能在宦海浮沉中独善其身，开辟一条乐天知足的“中隐之道”，以病弱之身得以高寿而终。答案也许就在于白居易在“民—官—民—官”之中几度来回，每次贴近土地，都能将骄狂之气、利禄之荣洗净扫空，

从平民百姓的视角去观察社会，以平常心去抵达更高境界。

元和九年（814 年），白居易 3 年服丧期满，在宰相韦贯之还有朋友崔群等人的协助下回到长安，谋得了太子左赞善大夫这个职位，掌传令、讽谏、赞礼仪、教授诸郡王（指太子之子）经籍。这是一个与权力中枢颇有距离的官职，依照唐律，东宫官员不可过问朝政。这是皇帝的属意，因为他不想再听白居易的劝谏。但从另一个角度看，这也让白居易得以远离波谲云诡的朝堂斗争。

元和十年（815 年），柳宗元、刘禹锡等人在

“永贞革新”失败被贬10年后被召回朝廷，但不久因政见不合于当权者，再次遭到外放。而白居易的挚友元稹也在这一时期被贬通州（今属四川达州）。仅数月之后，一件亘古未有的大事轰动朝野——当朝宰相武元衡在上朝路上被刺客杀害，刑部侍郎裴度重伤。据说刺客还到处撒传单——“勿急捕我，我先杀汝”，嚣张至极。惊天血案一出，百姓大骇，人心惶惶。这两位都是朝中主张对藩镇用兵的主战派，若反应不当，则恐怕朝廷对淮西藩镇的政事会有变故。

白居易虽不再任谏官，但他一直关注时局、忧心朝事，认为“朝廷有非常事”时自己有责任发声。他也知道一旦出头必有不妥，但是他自问：“谓之忠，谓之愤，亦无愧矣！谓之妄，谓之狂，又敢逃乎？”（《与杨虞卿书》）他第一个上疏要求缉捕凶手，以雪国耻。结果被批评者斥为“越位”，他们认为“宫官非谏职，不当先谏官言事”，说谏官御史还没有论请，赞善大夫“何忧国之甚也”，于是“奏贬为江州刺史”。这是“欲加之罪，何患无辞”了。这还不够，被白居易的诗歌针砭得体无完肤的权贵近臣们纷纷射来暗箭，有攻击他浮华无行的，有牵强附会说他母亲因看花而落井身亡，他却作《赏花》《新井》诗，是为不孝，真是“始得名于文章，终得罪于文章”（《与元九书》）。最后中书舍人王涯添上最后一根稻草，说他行为不妥，“不宜治郡，追诏授江州司马”。

诏令下达第二天，白居易就匆匆离开长安，前往江州。

他走得很狼狈。唐朝规定，凡被贬谪的官员，诏书下达的隔日必须启程，不许逗留，而且要“日驰十驿以上”，30 里为一驿，即一天要走 300 里。

他来不及带上家人，只能一边走一边等，到商州（今陕西省商洛市商州区）才与妻小会合。

朋友们赶不及送他，挚友元稹、刘禹锡早已在数月之前被贬，也有些朋友不敢前来相送。只有李建和从内兄杨虞卿前来送行。

这是白居易人生的最低谷，他农历八月初动身，十月初到达江州。旅途的后半段全是水路，江南多风雨，当时正值一年里秋风秋雨愁煞人的时节，他乘着小舟一叶，飘摇于江湖风波中。强烈的被抛弃

《风雨行舟图》 南宋 夏圭

感、挫败感、孤独感、无力感和对前途未知的恐惧感，深深地缠绕着他，这一路上他写了几十首诗。

从长安到江州，顺汉水而下，过襄阳，抵长江，到浔阳（江州治所），他心情低落，眼前所见皆愁景，他终于明白乱世中汨罗江畔屈原的怨愤，还是不及太平盛世里被贬长沙的贾谊的委屈更深。但是他还是要强自开解，毕竟他是一家之主，不能沮丧。他是朝中名士，一路上“自长安抵江西，三四千里，凡乡校、佛寺、逆旅、行舟之中，往往有题仆诗者。士庶、僧徒、孀妇、处女之口，每每有咏仆诗者”（《与元九书》）。他只能佯作旷达，苦闷不能诉之于口，只能泻之成文。

越不安越作诗，越不平越写文，白居易以敏锐的思考和多情的咏叹，与命运对抗，与自己的负能量对抗。此时距离他写出《琵琶行》还有一年时间，从创作的角度来说，《琵琶行》的胚芽已经孕育，但是还要等他到江州，等他安排好俗世的负累和牵挂，等江州的山水为他洗去风尘垢污，等他不再逞强、不再激愤，等世间的荣辱悲欢都不再搅乱他的心灵时，那动人的诗情才会瓜熟蒂落。

白居易其实知道，就贬谪地而言，江州不坏。

江州古称“九江”，距长安数千里，居长江中下游，《尚书·禹贡》记载“江汉朝宗于海，九江孔殷”，大意是说，长江、汉江滔滔奔流向海，在“九江”这个地方众流归一，可见水势之澎湃。秦始皇一统天下时，将包括今天安徽的淮河以南地区、湖北东部和江西等在内的地区列为九江郡。秦汉时辖域有多次调整。晋武帝司马炎时分扬州之豫章、鄱阳、庐陵、临川等10郡设江州。到了白居易所在的唐朝元和年间，江州属江南西道，据白居易同时代的《元和郡县图志》记录，元和期间江州有户籍17945户，约10万人。

江州治所在浔阳，世传是汉代大将灌婴于公元前201年所筑。灌婴是刘邦手下一员猛将，后来位及丞相，他眼光长远，一口气在今江西南昌、九江、宜春等多地筑城，可以说是江西城建之滥觞。据说他还在浔阳掘了一口井，为市井繁华筑下了基础。

江州为江西北大门，坐拥鄱阳湖，北临长江，西北有汉江联长安、通巴蜀，南面有唐初张九龄拓宽的大庾岭商道可越闽禺，联络东西、贯通南北，是一个物资集散、移民会聚的水陆交通之地。南北朝以来受益于衣冠南渡和安史之乱引起的北方士庶举族南迁，先进的中原文化和充足的劳动力注入南方，使得原本处于边缘地带的南方地区逐渐得到发展。

江州司马是个什么官职？在唐代，江州这样一个人口4万以上的上州，一般设置刺史（从三品）一人，别驾（从四品下）、长史（从五品上）、司马（从五品下）各一人。白居易贬官前所任的太子左赞善大夫为正五品上，相较而言任江州司马确实为贬职。而且司马这一个官职名为副职，行政上主管军事民防，实际上由于中唐以后，藩镇实力越来越强大，刺史可以自行聘用幕僚，组建一套管理班子，长史和司马都被搁起来，成为闲职。白居易自叙“司马之事尽去，唯员与俸在”“州民康，非司马功；郡政坏，非司马罪”（《江州司马厅记》），唯一的工作就是签字——“案牍来时唯署字”（刘禹锡《送王司马之陕州》）。

这里不仅“左匡庐，右江湖，土高气清，富有佳境”（《江州司马厅记》），而且“风候稍凉，地少瘴疠。乃至蛇虺蚊蚋，虽有甚稀。溢鱼颇肥，江酒极美”（《与微之书》）。可谓山水滋润，风景优胜，物产丰盛。再加上江州刺史崔能有礼有节，亲自到

《浔阳送客图》　明　丁云鹏

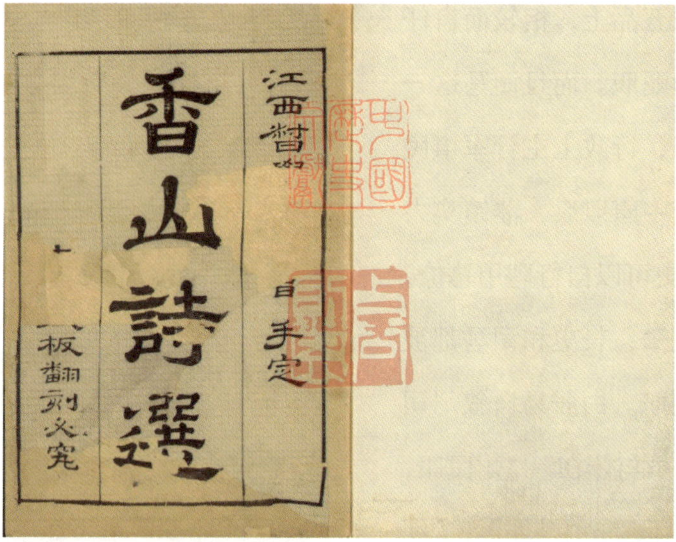

《香山诗选》 唐 白居易

江边以朱轮车迎接白居易。官职的闲散，环境的舒适，长官的优待，白居易得到了一个舒适的身心空间。

但是甫到江州的白居易心情依然抑郁。江州的秋冬季节多风常雨，凄冷阴湿，他从北地乍入江南，门前冷清，风物陌生，想必极其不适应江南的生活。于是这种深刻的第一印象在白居易的诗文里反复出现、反复渲染：“黄茅冈头秋日晚，苦竹岭下寒月低”（《山鹧鸪》），“青芜卑湿地，白露泬寥天”（《西楼》），“住近溢江地低湿，黄芦苦竹绕宅生”（《琵琶行》）。

初到江州的3个月里，白居易偶尔登楼望乡，其余时间则闭门不出，借口整理行李和诗稿。他在灯下检点书箱，编撰文集，对自己的过往履历、生平取舍、文学倾向进行深刻的剖析，并写成《与元九书》，凝练出“文章合为时而著，歌诗合为事而作”的文学理论。特别是在诗歌方面，提出了“根情，苗言，华声，实义”的著名理论。他把诗比作树木，“情”犹如树根，是诗的基础；“言”和“声”犹如树苗和花朵，是诗的表现形式；“义”犹如果实，是诗的效果，四者紧密联系，缺一不可。文学必须来源于生活、来源于真情、来源于时代，并反哺于时世。他把视野放大，审视人生际遇、宦途得失；他把眼光放长，盘点文章千古、进退去留。他听着浔阳江的浪涛声，神思驰骋在曲折蜿蜒的大河之上，决定效仿河流的开泄转向，从“志在兼济”转向“行在独善”，他要将诗歌的“美刺”功能，从为政治社会服务，转向更贴近人民大众的内容。

厘清了乱麻般的思绪，白居易虽然在情感上仍然无法释怀，但是向来乐观的他已能积极面对现状。春天一到，江州的山水、风物、人文都使他心神荡漾，

《仿沈周庐山诗画图》 明 文嘉

兴致勃发。

他拄着红藤杖，优游山水名胜，“惟司马，绰绰可以从容于山水诗酒间。由是郡南楼、山北楼、水溢亭、百花亭、风篁、石岩、瀑布、庐宫、源潭洞、东西二林寺、泉石松雪，司马尽有之矣”（《江州司马厅记》），脚印遍及浔阳城内外。

白居易素来仰慕陶渊明，曾仿效陶渊明写过《效陶潜体诗十六首》，到了陶渊明的故乡，他迫切地寻访陶渊明的踪迹：陶渊明吟诵过的山水、躬耕过的田亩、居住过的故宅、长眠的丘园……门前的五柳是不是还在？篱下的菊花还会不会开？白居易就像今天造访偶像故居的游客一般，热切而充满憧憬。他甚至爱屋及乌到了“每逢姓陶人，使我心依然”（《访陶公旧宅》），即每遇见一个姓陶的人，不论身份，都将其当作陶渊明的后裔或化身而心怀崇敬。

他当然还要上庐山——这是自魏晋南北朝到唐代山水文化的盛行之地。山水诗开创者谢灵运、山水游记肇始者慧远、山水画的重要奠基人宗炳都对庐山情有独钟。根据诗文记载，白居易自元和十一年（816年）早春开始，游东林寺、西林寺，在湓水泛舟；晚春又到山南看温泉，游归宗寺；秋天又上庐山山南游简寂观、访元十八（即唐代隐士元集虚）。从他这时所作的“声来枕上千年鹤，影落杯中五老峰”（《题元十八溪居》）等诗句，可以看出他的惬意。值得一提的是，也是这年秋天，白居易送客浔阳江畔，作《琵琶行》。冬天，白居易在东林寺留宿。元和十二年（817年）二月，白居易在庐山使者庙设祭；三月，他亲手营建的庐山草堂落成；四月，组团游大林寺，写下著名的《大林寺桃花》。从此，每逢夏季，白居易便往来于江州城与庐山。此外，他泛舟彭蠡湖上、经楚城驿游建昌江（修河），行吟山水，诗情盎然，每有所到，便有题诗。

白居易的足迹分布很广，山南山北，水东水西，连不在江州范围内的建昌区域也去了。他游得很细，当时还没开发的大林寺、北香炉峰等地，他也登山游览了一番。这得益于他正当壮年（年纪在45岁左右），腿脚灵便，又是从政后第一次有足够的闲暇可以远游，况且司马一职的名头在地方上还是响亮的，再加上江州山水佳盛，高僧、逸道、文友倾情相招。如果碰上春秋佳日，则兼具天时地利人和，也难怪白居易总是游兴、诗兴大发了。

在山水中行走安歇，使得白居易理想受挫的抑郁之气终于有所发散。他敏感多愁的心境，就像江州的水，风平浪静时能映照庐山香炉，风起浪涌时又能吞吐山岳城郭，动荡浩然。在动与静、进与退、忧与乐间，诗情摇曳万端。怪不得他在江州的3年多时间里写了300多篇诗文，特别是写出了3篇大作：山水园林营造范式《草堂记》、文艺理论名篇《与元九书》，以及《琵琶行》。他决心不再重蹈覆辙，不再参与权力的游戏，他需要一个新的理想，这是一个时时在朝堂之外逗引他的念头，也几乎是中国知识分子在朝堂之外唯一的追求——隐居。

陶渊明故乡的田园和他的坟墓，甚至门前的五柳，白居易都怀着仰慕之情去瞻仰过了。道教与佛教的圣地之一庐山，他也认认真真地游览过了。他开始思考自己的隐居理想该如何施行：是像陶渊明一样辞官回故乡归园田居，还是像王维买下辋川别业一样在庄园里休憩？迷茫中，庐山给了他灵感。

庐山又名匡庐，传说在殷周时就有异人匡俗隐居山中，依岩结庐。是不是可以效仿前人匡俗，在庐山建一座草堂呢？

白居易对建房子有一种执念。

在前面提到的白居易投帖干谒文坛名宿顾况的故事里，顾况就曾开玩笑说："米价方贵，居亦弗易。"直到读了他的《赋得古原草送别》才改口称赞："道得个语，居即易矣。"

故事只是故事，事实上白居易一直到贬谪江州，也未能拥有一座自己的房宅。他在《卜居》中感叹说："游宦京都二十春，贫中无处可安贫。长羡蜗牛犹有舍，不如硕鼠解藏身。”少年时辗转飘零，中年时宦海沉浮，白居易对于构成身心安适空间的房屋，一直有着非比寻常的渴望。他创作了超过160篇以房屋空间为主题的诗文，这在唐代诗人里是罕见的。

白居易在庐山营建草堂，既是源于政治理想破灭后，他想以构建理想中隐居之所的方式，来重新构建自己的信仰，就像陶渊明创造桃花源、柏拉图描绘理想国，也是由于庐山的风景完全符合他的理想。

白居易对庐山一见钟情，简直是宿命般的相遇。他在给元稹的信里描述这种心动：“仆去年秋始游庐山，到东西二林间香炉峰下，见云水泉石，胜绝第一。爱不能舍，因置草堂……每一独往，动弥旬日。平生所好者，尽在其中。不唯忘归，可以终老。”（《与元微之书》）他评价庐山的云水泉石以压倒性优势胜绝第一，他平生所喜好的景物这里全都有，他不仅流连忘返，而且想终老此地。

从元和十一年（816年）第一次上庐山时起，白居易就在诗中时时透露出要在庐山建草堂的想法：“或拟庐山下，来春结草堂”（《四十五》），“拟近东林寺，溪边结一庐”（《岁暮》）。来年春天，

《庐山读书图》 明 徐贲

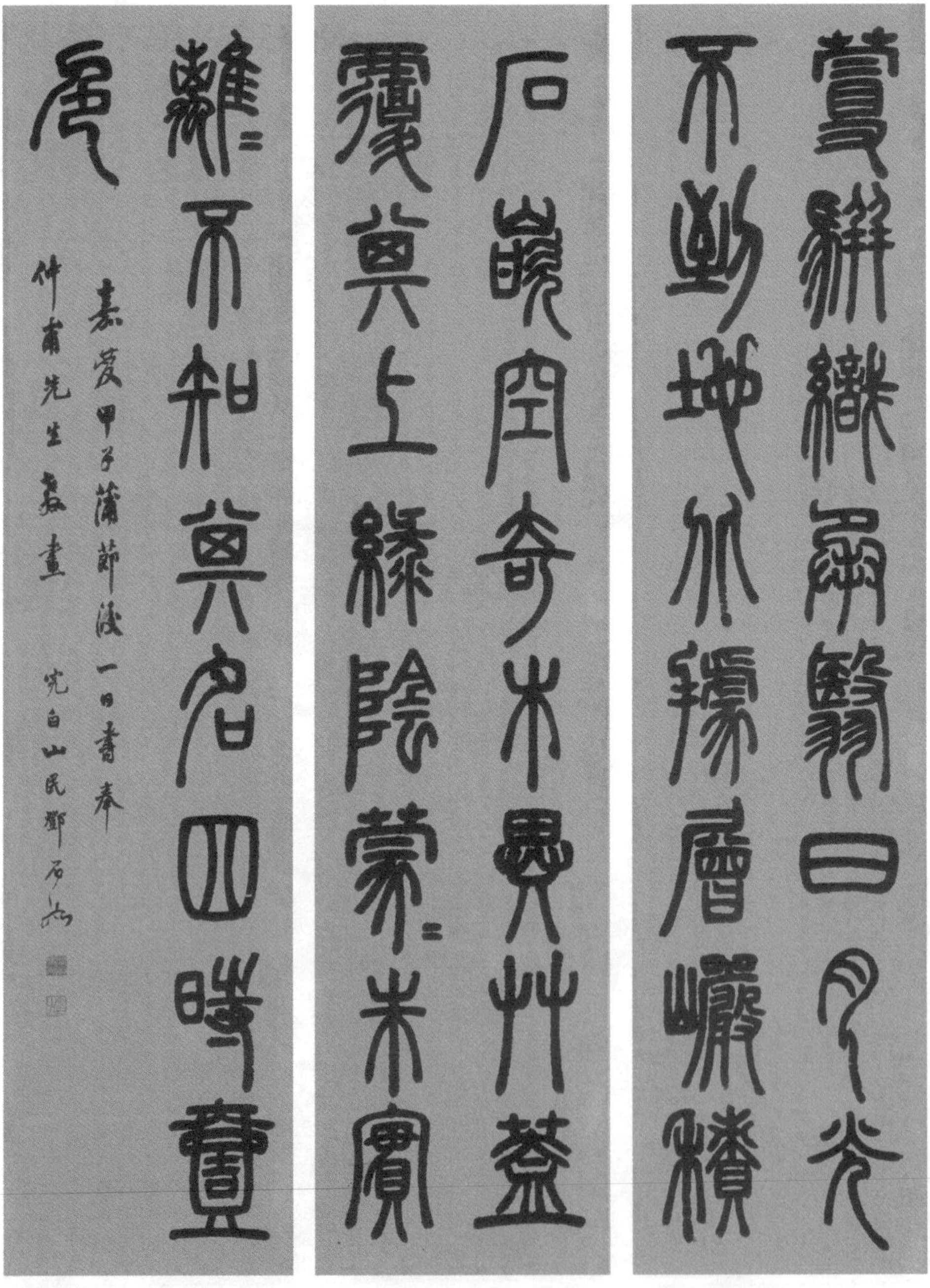

《白氏草堂记》 清 邓石如

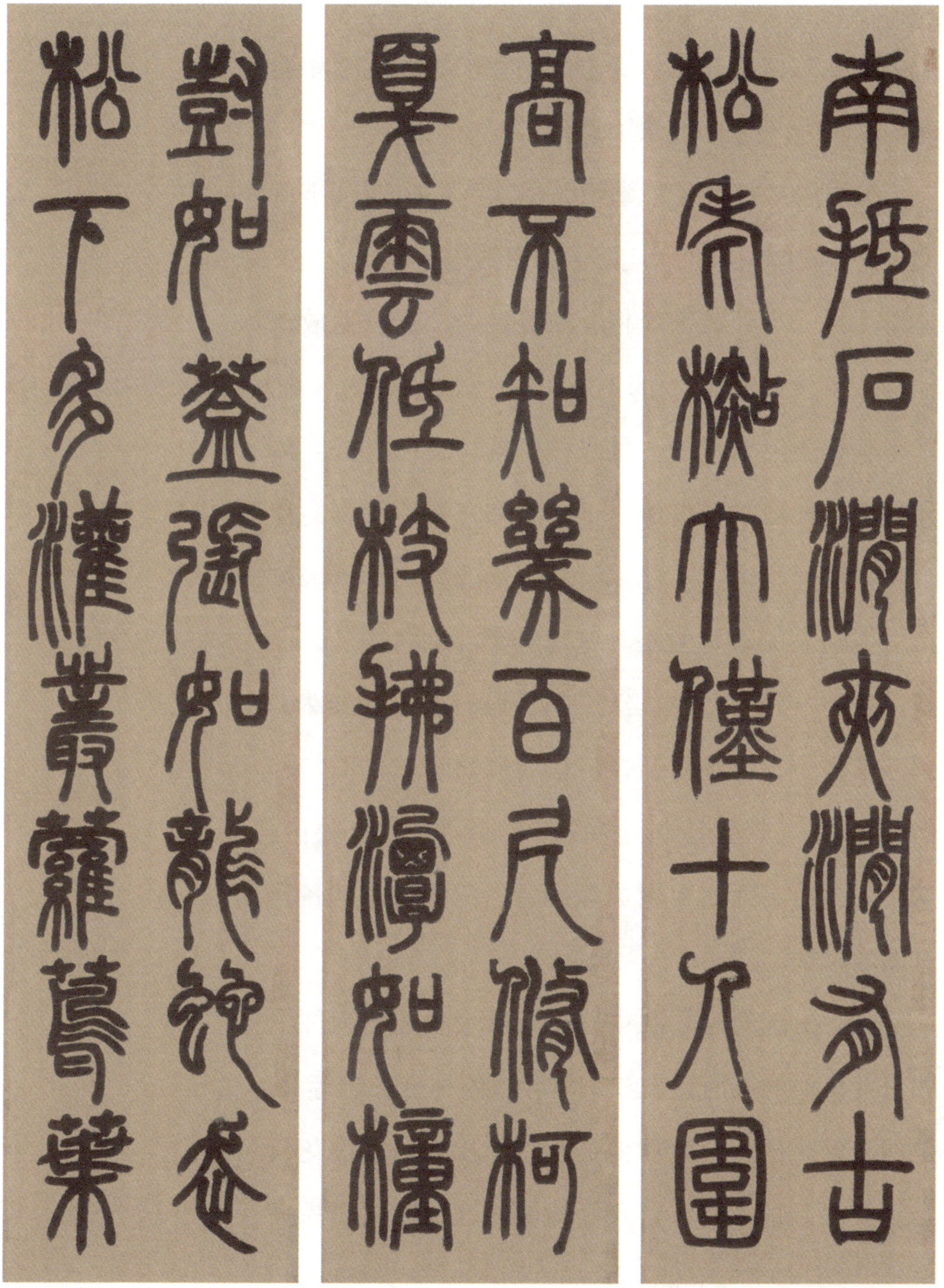

他果然在东林寺与西林寺之间，香炉峰的北面和遗爱寺的西边，营建了庐山草堂。

在白居易写的《草堂记》里，我们知道这座草堂大到营建位置、风水阴阳、房屋结构、庭院景观、建材用料，小到装饰风格、家具种类、器物摆放，他都亲自设计安排，可以说庐山草堂就是白居易艺术审美和生活情趣的一种具体呈现，是他安放躯体和灵魂的圣殿，也是他对于朝堂和官署所代表的社会功利的一种对抗。他以返璞归真的庐山草堂来对抗世俗道德的冠冕堂皇。这是一个“逃名地”，也是“别造一世界”。白居易在草堂居住得身心泰然，“一宿体宁，再宿心恬，三宿后颓然嗒然，不知其然而然”（《草堂记》），每次前往都要盘桓十数日。这里对白居易而言可谓灵魂居所，白居易命其名为“遗爱草堂”。

草堂在春天落成，白居易在三月二十七日入住，四月九日他的文朋诗友和东林寺、西林寺长老等22位朋友前来庆贺，然后他们从草堂出发，赏桃花，登香炉峰，宿大林寺，身心怡悦。这一天白居易兴奋不已，诗情勃发，他写了《草堂记》《游大林寺序》

《香炉峰下新置草堂，即事咏怀，题于石上》等诗文，还作了一首千古流传的绝句《大林寺桃花》：“人间四月芳菲尽，山寺桃花始盛开。长恨春归无觅处，不知转入此中来。”

这首诗是即兴口占，以通俗易懂的文字，描述了一个奇特的自然现象。它之所以跨越几千年还让人津津乐道，不仅是因为妙手天成的语句和朗朗上口的韵律，还因为短短28个字里诗人精心营造的“山重水复疑无路，柳暗花明又一村”的转折和关于“春归何处”的设问解答。令人颇觉别有意味的是，为何偏偏是桃花，又为何白居易与桃花的邂逅，类似于陶渊明笔下武陵渔人

白居易塑像　现代　王克庆

遇见桃花源？假如把“春”解释为理想国，人间的芳菲已尽，庐山的桃花却在盛开，人间的理想无处追寻，那么盛开着桃花的庐山是不是另一个桃花源？乱世里“不知有汉，无论魏晋”的桃花源是不是另一种春天？

写在庆贺白居易庐山草堂落成这一天的这首诗，大有深意。他从草堂出发至遇见大林寺桃花的这个过程，和武陵渔人遇见桃花源的过程何其相近。不同的是，武陵渔人不懂得桃花源的可贵，而白居易懂得。白居易这一首吟咏大林寺桃花的诗，是对陶渊明的一次致敬，也是一种继承。他营建庐山草堂后，在寻访大林寺时，无意间遇见错开人间季节绽放的桃花，由此完成了对贬谪这一人生重大挫折的接纳、消化、沉淀并最终新生。于是，我们才能看见历史上那个始终豁达的白乐天，那个用不一样的视野和创作手法豪吐三千首的“诗魔”，那个无微不至、无所不写的登上唐代文坛制高点的诗王。

为了纪念这一事件，人们将白居易遇见大林寺桃花的地方命名为“花径”。今天南来北往的游客慕名前来追寻白居易的诗踪遗迹，走进庐山花径公

《庐山草堂图》　清　石涛

园。这里花径如故，草堂俨然，还能瞻仰1930年出土的“花径”石刻，据传为白居易当年亲书。由著名雕塑家王克庆雕刻的白居易塑像作吟咏状，生动还原了时光流转中，诗人惊艳于庐山春光之美时的灵机一动。

在白居易谪居江州时所书的诗文里，有一首诗让人兴味盎然。《放旅雁》，讲的是公元815年冬天，白居易见一种越冬候鸟大雁被捕捉，心生怜悯，感念南飞的北雁和自己这个南谪的北人“人鸟虽殊同是客”，于是买来放飞的一件小事（“见此客鸟伤客人，赎汝放汝飞入云”）。虽然全诗的主旨其实是抒发谪居的忧愁，但是从客观上留下了唐代江州越冬候鸟的史证。

江西鄱阳湖是当今全球瞩目的候鸟越冬地，位于长江中下游节点的鄱阳湖沿岸地区汇集赣、抚、信、饶、修5条大河之水，形成了丰水一片、枯水一线、水草丰饶、河湖洲滩的湿地生态系统，为约70万只越冬候鸟提供了安全稳定的栖息地。然而鄱阳湖候鸟是一个新理念，它引起世界关注源于20世纪80年代鄱阳湖白鹤的发现，在此之前相关的史料记载和诗文都不多。古人虽有“网维一面”“春三月禁伐”“夏三月禁渔”等朴素的生态保护意识，但是对于候鸟的观察和关注，仅止于对鹤、雁等鸟类“忠贞”“孤傲”品格的吟诵，对它们的习性、生存环境则很少涉及。

白居易在《放旅雁》一诗中，先写“九江十年冬大雪，江水生冰树枝折”，翔实描写了越冬候鸟的生存环境。白居易观察细致，“百鸟无食东西飞，中有旅雁声最饥。雪中啄草冰上宿，翅冷腾空飞动迟”几句诗，将候鸟大雁因为大雪无处觅食只能啄草、翅膀受冻而飞行迟缓、饥寒交迫而叫声大的特点一一客观记录，也写出了它们会被“江童”持网捕捉并入市售卖的原因。短短几句诗，不仅把唐代江州地区越冬候鸟的生存环境、觅食习性、动作特点、不幸遭遇描摹殆尽，还侧面写出了“江童”即当地人对候鸟见怪不怪、不以为然的态度。诗人在诗中以赎鸟放生的姿态出现，暗含了对“江童”抓鸟卖鸟行为的否定。这种生态保护行为固然是源于同为南方“客”的天涯沦落感，但是白居易有闻名朝野的诗人身份，又有江州司马的官职在身，诗一写出，

《千雁图》（局部） 明 王守谦

对当地人可起言传身教的教化作用。白居易在江州行遍山南水北，他对大自然的体察是细微而又宏观的，他的诗作里写了许多鸟，包括鹤、雁、鸦、凫、雀、莺、鹭、鹂、鹧鸪、鹈鹕、子规、鸥等。他在《彭蠡湖晚归》一诗中所写的“鸟飞千白点,日没半红轮”，千年后仍然可以为鄱阳湖候鸟日落时的摄影大片作注解。

在江州的3年多里，白居易编撰了文集，确立了将来的人生道路，尝试了或淡泊质朴或浪漫飘逸、或言简意深或斐然成章的文风，认识了相交一生的朋友。在这里他迎来了3个女儿，又送走了如父般慈爱的浮梁大兄，悲欣交集，实难忘怀。还有庐山上的遗爱草堂，是他亲手选址、亲手设计、亲手营建的，此处不只是遗爱，还是他理想的遗蜕。

05

一支浔阳琵琶曲，占尽天涯无限泪

——白居易与《琵琶行》

白居易创作的长诗《琵琶行》，情词兼美，情景交融，情乐并茂，被誉为“古今长歌第一”。诗中名句“同是天涯沦落人，相逢何必曾相识”，触动了古今中外无数愁肠。句尾“江州司马青衫湿”更是将古代的江州郡，也就是今日的九江市点出，为千万人所诵。

白居易谪居江州的这段时期（815—819），连头尾算上是5年，实际居住时间为3年5个月左右，是他较为顺遂的官宦生涯里极为特殊的经历，也是他人生关键的转折期。江西山水与江州风物给他烙下了深刻的印记，他一生留下的3000多篇诗文中，与江州相关的有370多篇，占生平创作的十分之一，超过他在忠州（今重庆忠县）、杭州、苏州期间的作品总和。其中，更是有《琵琶行》《与元九书》这样重量级的代表作。可以说，贬谪江州的日子，让白居易的政治观、人生观、文学观都发生了很大的变化，特别是他的文学创作较之前风格迥异，文学评论家素来将被贬江州作为他创作历程的分水岭。

白居易本人，也从初到江州的不适、厌烦、怨叹，到逐渐自我排解、自我救赎，敞开胸怀，重拾“乐

白居易
2025.1

天知命”的洒脱。于是他游山玩水、登楼访古、招朋引伴，甚至挖池葺屋、修筑草堂。不但称赞庐山“匡庐奇秀甲天下山”，更是立下誓言要“终老于斯”。他感恩“庐山以灵胜待我”“天与我时，地与我所”，感叹“何以求焉”（《草堂记》），还感慨“匡庐便是逃名地，司马仍为送老官”（《重题》），连升官都不想了。离开江州以后，他还时常惦记庐山草堂和当时的诗朋酒友，写信寄书，殷勤问候，终生眷恋不已。

山水会给一位诗人怎样的滋养，给他的诗歌和意象带来怎样的浸润？看看白居易写的《琵琶行》便知，即使你不到江州，也能想象“江浸月”的清冷寒冽和“春江花朝秋月夜”的美丽。

白居易的官舍在江边，他喜欢在江边的百花亭上独坐望江，一望就是一天，从“日色悠扬映山尽”一直望到“满湖明月小船回”（《百花亭晚望夜归》）。在甘棠湖泛舟，“手把杨枝临水坐，闲思往事似前身”（《临水坐》）。早晚天气好的时候他登上江边的南楼远眺，“因高偶成句，俯仰愧江山”（《题浔阳楼》）。

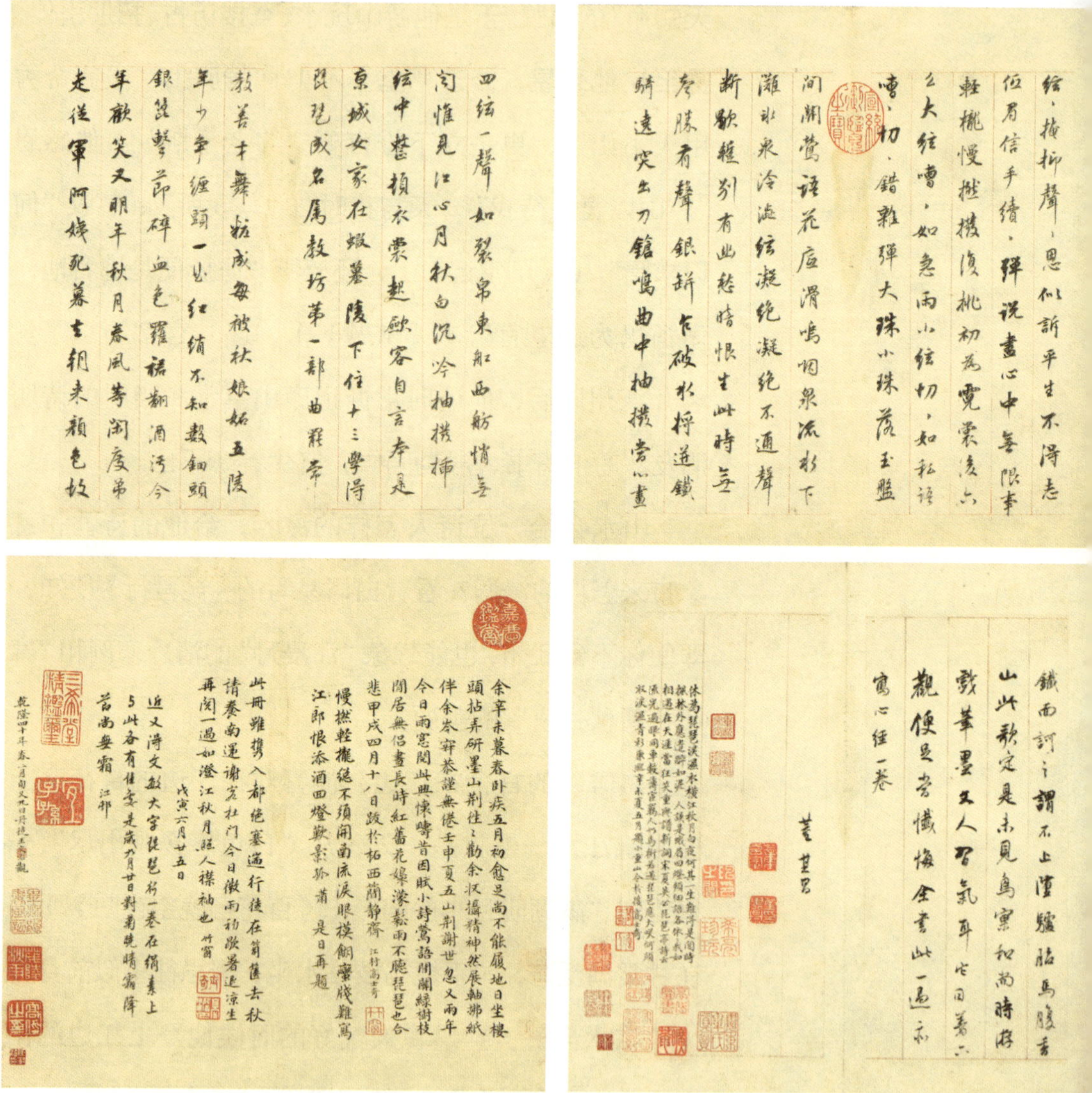

《白居易〈琵琶行〉册》　明　董其昌

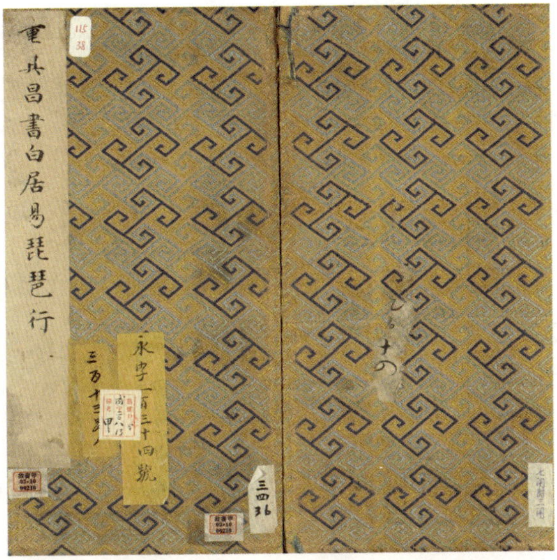
董其昌書白居易琵琶行

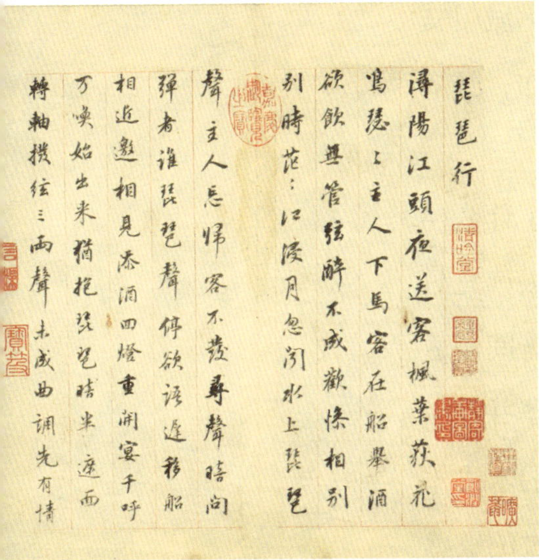

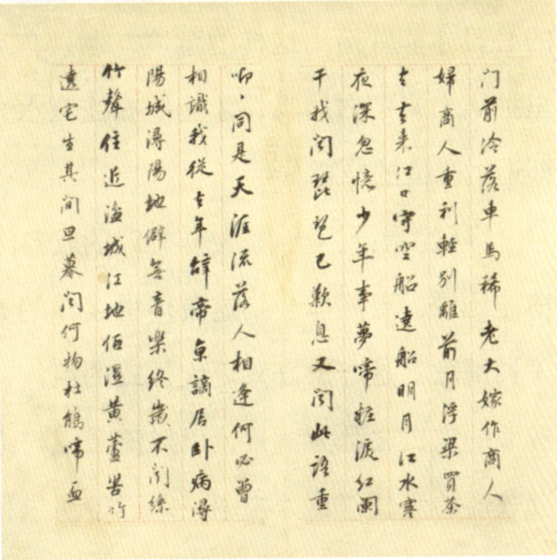

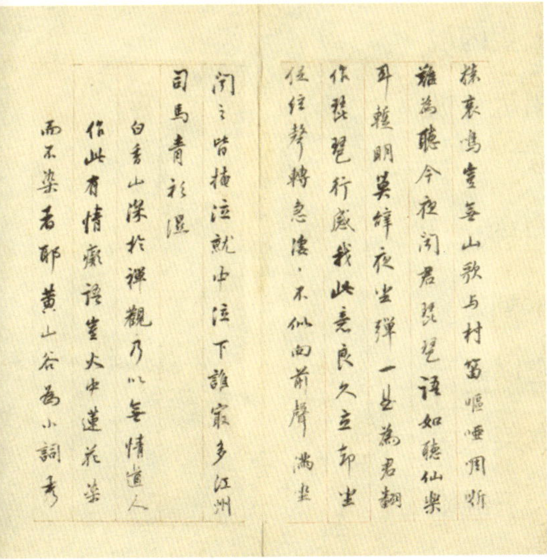

浔阳城外长江如带，南有鄱阳湖浸润，城中又有甘棠湖、白水湖两个湖如肺叶般对称分布，整个城市宛如水上的一座浮岛，随水涨落。

要问江州的山水对白居易的情绪产生了什么样的影响，我们应该诵读《琵琶行》。细细去读充盈着泠泠水汽的诗句，我们可以感受到字里行间浸透着江湖码头的生活气息，体会到飘零和繁华并存、萍聚与离散伴生的人间世情。只有在江州的水边才会产生这样的相逢，只有在江边深切生活过的敏感的心灵才能营造出这样的意境，也只有从人生困境里抽离出来的白居易，才能把握住似水光阴里稍纵即逝的永恒的一瞬。

将《琵琶行》与白居易年轻时的成名作《长恨歌》稍作比较，更能体会到这首传世之作的隽永魅力。《长恨歌》是一出好莱坞大片式的巨作，它以翻天覆地的安史之乱为背景，以风流帝王与绝世美人惊世骇俗的爱情纠葛为主题，以三千粉黛和天下群雄为陪衬，场地布景豪奢华丽乃至糜烂，故事情节上天入地可谓离奇。其中更有香艳入骨的场面、惊天动地的厮杀和震古烁今的悲惨结局，让人眼花缭乱、目不暇接。诗句辞藻华丽如缀玉联珠，摹情写景仪态万千，如盛唐一般气象恢宏。

《琵琶行》则去除所有华丽布景和离奇情节，没有任何戏剧俗套和繁复背景，一切都是极简，简单到除了一幕剧、一个地点、两个人物，其他都是虚写。好像一道追光在茫茫江夜罩住了这条船，除此之外的世界都化为虚无，浩瀚的时光里只有江上两条船的靠拢又分别，短暂地交织又相忘于江湖。这是一种哲学般的抽象，其高明之处就在这里。

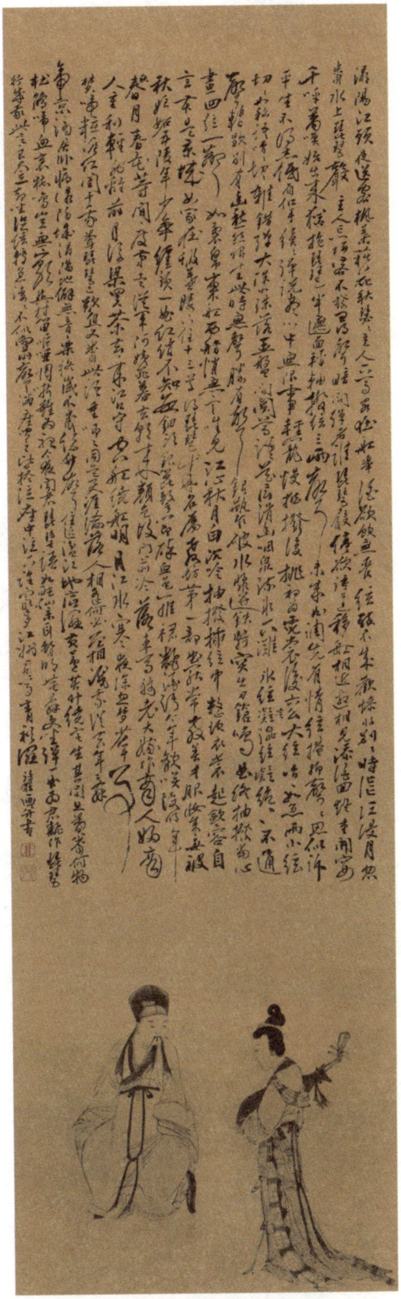

《琵琶行图》　明　郭诩

它摒弃了一切如海市蜃楼般迷幻的表象，紧扣住人世间天涯沦落的相逢，如海上升起的一轮明月，不需灯烛映衬就已经光芒万丈。它描写琵琶，描写音乐，像是描绘月亮在水里的倒影。

“大弦嘈嘈如急雨”“大珠小珠落玉盘”“幽咽泉流冰下难”“银瓶乍破水浆迸”都是水的意象。“浔阳江头夜送客”“别时茫茫江浸月”“唯见江心秋月白”“绕船月明江水寒”“移船相近邀相见”“去来江口守空船”，所有的场景都紧扣住江夜。

这里不是桨声灯影里弥漫着脂粉香的秦淮河，它没有那么喧闹温软；不是“二十四桥明月夜”的瘦西湖，它没有那么狭窄温暖；不是“烛天灯火三更市，摇月旌旗万里舟”的武昌，它没有那么雄浑热闹。它有大江大湖的开阔，又有偏居一隅的冷清；它充斥着南来北往的商旅，又有风平浪静、可以停泊数月的港湾。它是工匠商贾通行无碍的天堂，也是恋栈庙堂之士的天涯。

怎么将这种与世相隔，尤其是和京都的繁华喧闹有着天壤之别的冷清感表现出来呢？白居易选择了音乐这个载体。他喜好音乐，晚年蓄养调教乐伎樊素、小蛮等人，有自己的音乐创作团队和班子，艺术修养和审美水平都很高。

在江州，除了江风冷雨和湿冷的气候让白居易有客居异乡的不适，另外一个让他苦闷之处是语言的不通。江州在历史上为吴头楚尾，市郊有江淮官话、吴语、赣语、西南官话等多种方言夹杂，“夷音语嘲哳”，话语不通，连音乐艺术也无法欣赏。他在《琵琶行》里感叹“呕哑嘲哳难为听”，这对于白居易来说是一个打击。

《琵琶行图》　明　唐寅

在孔子倡导的儒学正统体系中，音乐是可以“通政、治道、修身、养心”的君子素养，而唐朝时唐玄宗热爱音乐并且亲自教导三千梨园子弟，整个国家的音乐水准都是很高的。这也是白居易选择用音乐的缺乏来表述“贬谪之意”的一个原因，它暗含着“大雅久不作，吾衰竟谁陈”（李白《古风·大雅久不作》）的意思。以很久没有听到京都的琵琶演奏，来表达自己贬谪到偏远之处以后，已经是个与世相隔、沦落天涯的落后者了。

白居易是一位具有深厚音乐素养的诗人。《琵琶行》对于琵琶音乐艺术的描写精微动人，不仅形容贴切，还有高妙的审美境界。现代人不仅可以通过文字的桥梁走进那个夜晚，还能隔着时空触摸到琵琶女震颤的琴弦，用想象体会她那摄人心魄的弹奏和无穷的魅力。如果白居易自己不谙音乐，我们难以想象他能够领会琵琶曲的精妙，又能够用恰到好处的文字来进行传达和摹写。

白居易不仅懂音乐，创作了数十篇以音乐、歌舞为题材的诗歌，如《小童薛阳陶吹觱篥歌》《霓裳羽衣歌》等，而且对琵琶有所偏爱。他年轻时为针砭时弊而写的十首《秦中吟》中有《五弦》，里面描写的就是五弦琵琶，其中描写五弦演奏艺术的诗句“大声粗若散，飒飒风和雨。小声细欲绝，切切鬼神语”，与“大弦嘈嘈如急雨，小弦切切如私语”何其相近，只不过境界不一，有拙与巧的区别。他的另外一首诗《五弦弹》也是描写名家演奏的：“第五弦声最掩抑，陇水冻咽流不得。五弦并奏君试听，凄凄切切复铮铮。铁击珊瑚一两曲，冰泻玉盘千万声。”这些诗句与“弦弦掩抑声声思，似诉平生不得志”“银瓶乍破水浆迸，铁骑突出刀枪鸣”中的意象又何其相似。从这些诗歌中，我们不仅能看到一个酷爱音乐的才子，还能看到一个不断磨炼写作技艺、日日精进的“诗魔”白居易。

根据现代音乐界的研究，唐代所用的琵琶与现代琵琶的形制和演奏方式都大相径庭，不仅琴弦的数量和现在不一样（现代琵琶主要为四弦，唐琵琶除了四弦，也曾有五弦），琴弦的材料不一样（现代琵琶的琴弦多为钢丝制成，唐琵琶的琴弦多为蚕丝制成），而且弹奏方式也不一样（现代琵琶为指弹，唐琵琶主要为拨子弹奏，指弹配合）……白居易不

《浔阳送别图》（局部）　明　仇英

仅懂得欣赏音乐，而且对琵琶颇有研究。他在《琵琶行》中对具体指法、弹奏方式、艺术风格的诠释十分到位、详细。比如“轻拢慢捻抹复挑”，7个字至少写出了6种琵琶演奏的手法，让现代研究人员能够凭借诗歌确定唐琵琶的形制。这种天才般的灵敏度和对艺术的精妙再现，都超过了当时的诗人。白居易的好友同时也是当时文名与白居易相当的诗

人元稹，也写过相同题材的诗，但是表现力就逊色得多。

《琵琶行》更为打动人的原因，是诗人将自己的社会身份降得很低，将世间非常重要的伦理关系稀释得很淡，人和人之间在这首诗里几乎没有隔阂。社会阶层的高低、身份地位的贵贱、主客宾朋的亲疏，在这个江夜里都给人世间的惺惺相惜让位了。做官的白居易和嫁作商人妇的乐伎是平等的，他们的人生遭遇是平等的，他们的痛苦感情是平等的，他们的飘零命运是平等的，这太奇妙了。

在《琵琶行》里，送客的白居易原本“主人下马客在船”，当琵琶女出现以后，“移船相近邀相见”“东船西舫悄无言”这两句诗显示白居易也下马上船了，他们都成了江夜上飘摇的人，抛弃了所有被叠加的社会属性，坦诚相见。这才是这首诗最感人之所在。当白居易脱去了所有的外壳，骤然一轻，他就会明白贬谪是一种社会属性，政治理想也是一种外壳，都不是人生而有之的自然属性。只有将自己坦诚到只剩下最基本的同情，才能明白这个道理。于是，那个瞬间，白居易终于释然。

白居易通过《琵琶行》奏出了冲破自我囚困的最强音，脱去了被贬失意的沉枷，贬谪的负面情绪到达一个高潮后，开始回落。不愧是“野火烧不尽，春风吹又生”的白居易，他承认了“有迁谪意”后终于挣脱出来，看看江州这个地方，看看身边的山水，看看余生要行向何处。

06

丈夫贵兼济，岂独善一身

——中年白居易

元和十三年（818年），早年与白居易同为校书郎和翰林学士的好友崔群任宰相，在他的帮助下，十二月二十日，白居易等来了一纸调任忠州刺史的诏书，这是他起复的信号。贬谪外放的司马能够升任刺史，即使忠州比江州位置偏僻且级别差了几级，白居易也很满足，他写信感谢老友："忠州好恶何须问？鸟得辞笼不择林。"（《除忠州寄谢崔相公》）

白居易被贬江州时来得心不甘情不愿，离开时却走得恋恋不舍。这年腊月得到任命，次年三月才启程前往忠州。临走前白居易去草堂告别，把诗文书稿交付东林寺长老，再三嘱托其代为照看草堂，并留下《别草堂三绝句》。他说"山色泉声莫惆怅，三年官满却归来"，他认为自己终将归隐庐山，此去不过是暂别。

来时司马，去时刺史。江州是白居易的福地，他从此一路青云，走出了不同于好友们的"吏隐之路"。

元和十四年（819年）三月十八日，白居易穿越三峡，到达西南边陲的忠州。忠州下辖临江、丰都等5个县，人口不到7000户，为下州。这里不仅地理位置偏僻，经济落后，而且土地贫瘠，多山少田，

《蜀川胜概图》（局部）　北宋　李公麟

还在采用刀耕火种的生产方式，县民贫困，道路不平，连可以让马车通过的地方都没有。

刺史为一方主政长官，“一州得贤明刺史，以至公循良为政者，则千万家赖其福；若得贪暴刺史，以徇私苛虐为政者，则千万家受其祸矣”（陈子昂《上军国利害事》）。白居易第一次主政一方，对黎民百姓的哀苦感同身受，每到夜晚听着民众的哀歌，他心焦如焚，无法安睡：“蛮儿巴女齐声唱，愁杀江南病使君。”（《竹枝词四首》其二）

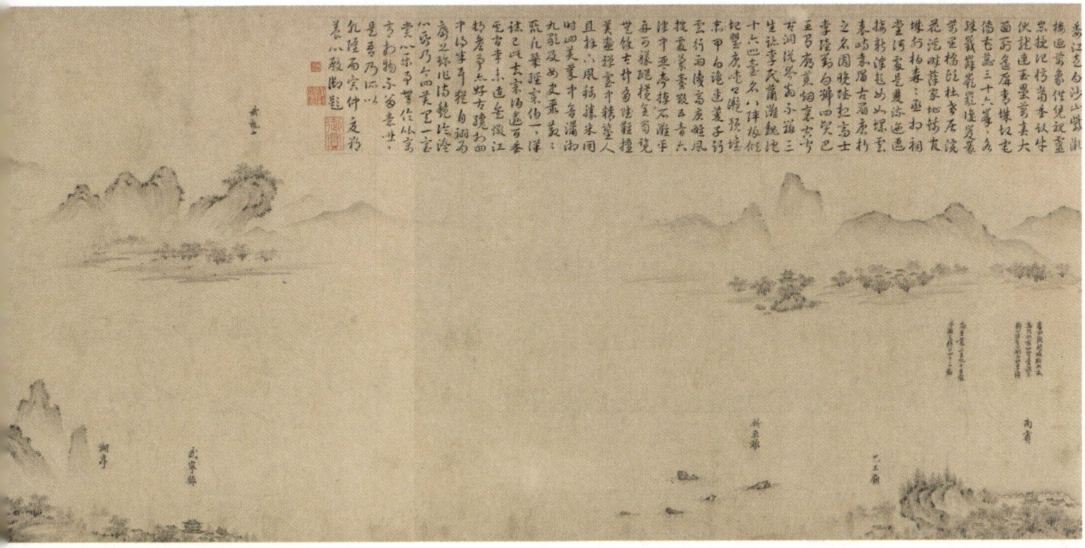

曾写出《策林》、以左拾遗身份参政议政的白居易，对于治理一州虽无经验，却不乏策略。他一边积极向邻居万州刺史请教，一边问计于民。在掌握了忠州的基本情况之后，他“宽刑均税、鼓励生产、整肃盐法、崇文教化”，做了一系列实事。一是鼓励农业生产，二是主张薄税、均赋。当时朝廷实行“刺史以下，悉以畲田粟给禄食，以黄绢支俸”的制度，官府收取的赋税越多，官吏的收入就越高。但白居易蠲租减赋，规定按土地和财产多少交纳赋租，给百姓减轻了负担。三是减轻刑罚、减少扰民，让百姓安居乐业。同时他还周济孤寡之人，并从经济的角度，为忠州量身定做了一条“种树”的致富之路。

原来白居易通过走访得知，此地土壤、气候适合植树造林，于是带头种起了果树：“持钱买花树，城东坡上栽”“每日领童仆，荷锄仍决渠”。（《东坡种花二首》）他还从庐山上移来了映山红，让忠州成了一座花果之城。

白居易主政成果斐然，非常开心，他把自己的所思所得写成了诗：“养树既如此，养民亦何殊？将欲茂枝叶，必先救根株。云何救根株？劝农均赋租。云何茂枝叶？省事宽刑书。移此为郡政，庶几甿俗苏！”（《东坡种花二首》）他在忠州写了100多首诗，给当地留下了宝贵的文化遗产。

元和十五年（820年），唐宪宗暴毙，唐穆宗继位，改年号为长庆，重用裴度等人，将韩愈、元稹等人召回。这些人都与白居易交好，更对白居易有利的是唐穆宗从小熟读白居易诗文，对他印象颇佳。于是朝廷一封诏书到忠州，任命白居易为尚书司门员外郎，调他返回长安。

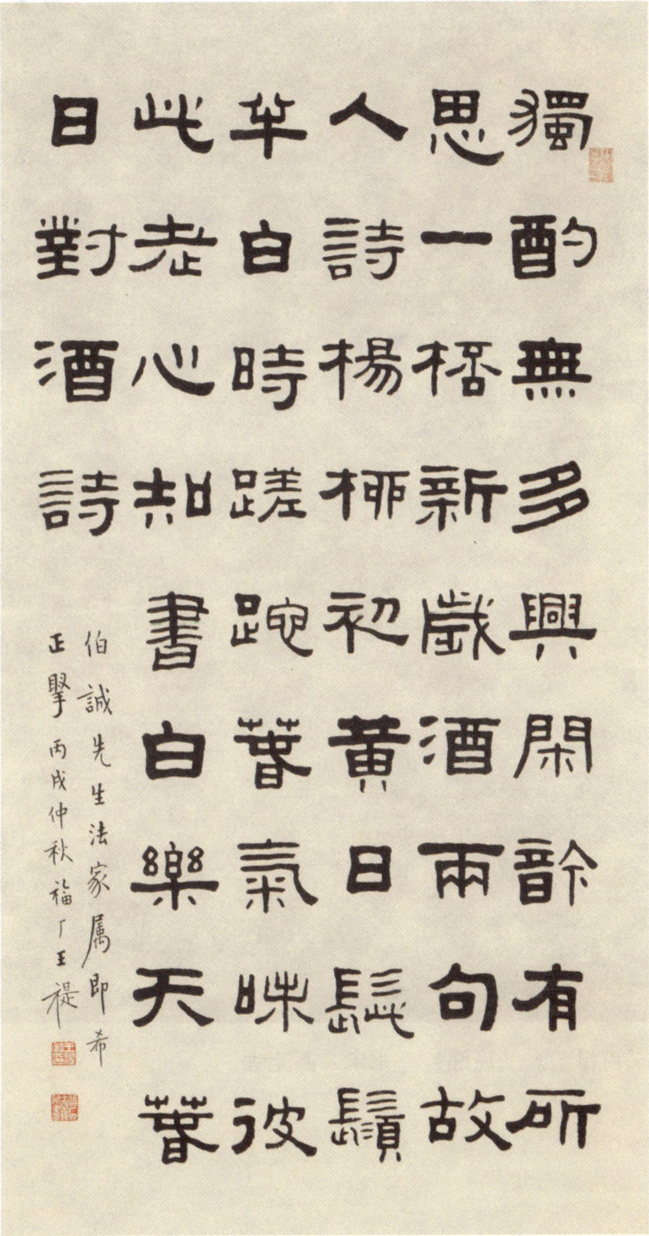

《白居易〈小岁日对酒吟钱湖州所寄诗〉》 近现代 王禔

《百禄图》（局部）　北宋　易元吉

到了十二月，白居易又升职了，任主客郎中、知制诰，隶属中书省，专门为皇帝撰写诏书。数月之后，唐穆宗又擢升白居易为朝散大夫。长庆元年（821 年）十月，白居易再次破格升职为正五品上的中书舍人。而穆宗的荣宠还不止于此，同年他授予白居易“上柱国”的勋号，此为十二级勋官的最顶级，达正二品。白居易的夫人杨氏也被授封“弘农县君”，真可谓德泽深厚，白氏阖家欢喜。

白居易从贬谪江州，到两年之内连升 4 级，仅仅是因为皇帝喜爱他的诗文吗？有学者研究，白居易的升职更大的可能是因为他的勤奋。据统计，在担任翰林学士和知制诰期间，他起草各种诏书、文诰的数量为中唐第一，在宪宗朝完成 100 多件，在穆宗朝（在职仅 1 年 7 个月）完成 233 件。与同朝的人对比（如同样优秀且后来官至宰相的元稹现存制诰总共也就 100 余件，陆贽则有约80件），数量简直不在一个级别。白居易如此勤奋优秀，说他是“特级劳模”也不为过。而更受穆宗看重的是白居易行为端正、清廉持身，曾有一桩拒绢之事，广为流传。

白居易曾奉命到大臣田布家中宣旨，任命田布为魏博节度使、检校工部尚书，以宁远将军号令大军出征，讨伐叛将也就是田布的杀父仇人王廷凑。田布慨然讨贼，将自家产业变卖，充作大军军饷。为了表达对白居易的感谢，田布赠送给他500匹绢。绢是名贵的丝织品，也是市场上的硬通货，唐代35匹绢可换一匹良马。当时白居易刚回长安两年，因为持身清廉，家中并不宽裕，虽然连续升官，但也只在偏僻的新昌坊买了一处“老破小”宅院安家。如果有了500匹绢，就可以买得较好的住宅，长安居“易”了。但白居易认为田布舍家报国，战斗还没有开始，不知道物资是否充足，自己接受这么丰厚的馈赠很不合适，于是拒绝了。田布坚持要送，并直接将500匹绢送到白家，白居易坚辞不受。田布求助宫中，皇帝也有所耳闻，他以为白居易是为了避嫌，就派人宣旨，告诉白居易这批绢可以接受。

这一来倒是让白居易为难了。经过一夜思考，白居易写就一篇《让绢状》呈给穆宗，先是感谢圣恩，然后说明情况："臣家素贫，非不要物"，但是"田布今日之事，不同诸家。何者？未报父仇，未雪国耻，凡人有物，犹合助之。况取其财，有所不忍……臣食国家之厚禄，居陛下之清官，每月俸钱，尚惭尸素，无名之货，岂合苟求？"最后白居易还是没有接受田布的馈赠，把 500 匹绢悉数退还。这一桩白居易拒绢之事成为一时佳话，朝野上下深为敬服。

白居易入京后步步高升，可喜的是胞弟白行简也得到重用，被授左拾遗，兄弟二人同朝为官。更让白氏一族高兴的是白居易的堂弟白敏中，自幼跟随白居易读书，于长庆二年（822 年）进士及第，白氏一门三人均为进士出身，跻身朝堂，担当重任。喜事连连，白居易却喜忧参半，这是因为荣宠正盛，容易得意忘形、行差踏错。他写诗告诫弟弟们要恪尽职守——"近职诚为美"，报答君恩——"相誓答恩光"，尤其要立身端正，谦虚自律。

白居易自重返长安担任中枢职务，便不再像青年时期一样结伴交游、任情纵酒，而是谨慎修身、低调谦让，自觉地“清理”人际关系，并没有因为骤然升官而去弄权，享受交际场上的恭维吹捧。他在《醉后走笔酬刘五主簿长句之赠兼简张大贾二十四先辈昆季》中自叙“职居密近门多闭”，表露出慎独、克己的处事风格。

很多人研究白居易的生平，常常困惑于他在人生各个阶段显露出来的截然不同甚至矛盾的为人处世风格。如青年时放荡不羁，好结交名流文士，甚至和元稹等人出入妓馆，不乏风流之举；后来任谏官时慷慨谏言、激情勃发，不惜得罪权贵、直言冒犯皇帝，落得贬谪江州的下场；贬谪江州之后又纵情山水、襟怀洒落，自得其乐，到处结交僧道等方外之士，有归隐山林的取向；任职中书舍人时却持身谨慎、如履薄冰，甚至幽闭宅门，少与人来往。特别是揭露社会黑暗和时局弊端的讽喻诗，如《新乐府》《秦中吟》等作品，都集中写于青壮年时期。而中年之后，尤其是晚年，长年休病假，蓄养家伎，优游闲适，安于舒适的生活，让人诟病为斗志消减、精神懈怠。关于这一点，我们应该看到白居易的性格中既有刚直孤介、为国为民不惜自身的一面，也

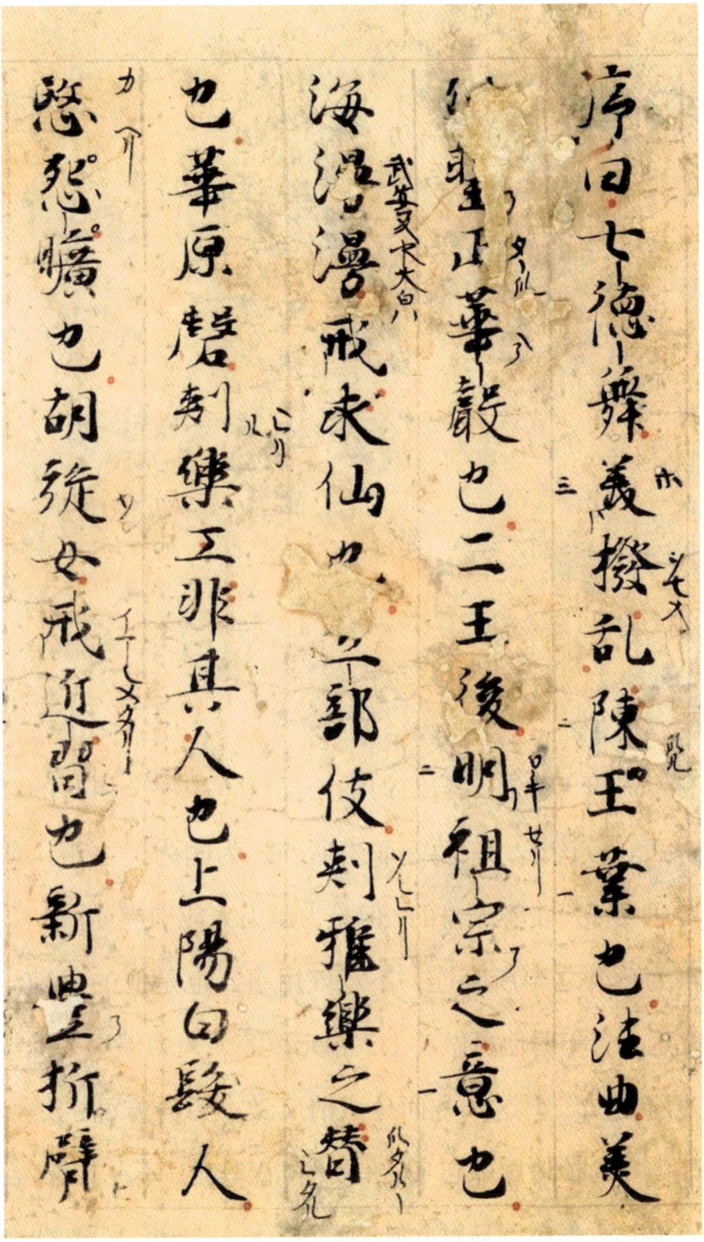

《白氏文集古抄残卷》（局部）　唐　白居易

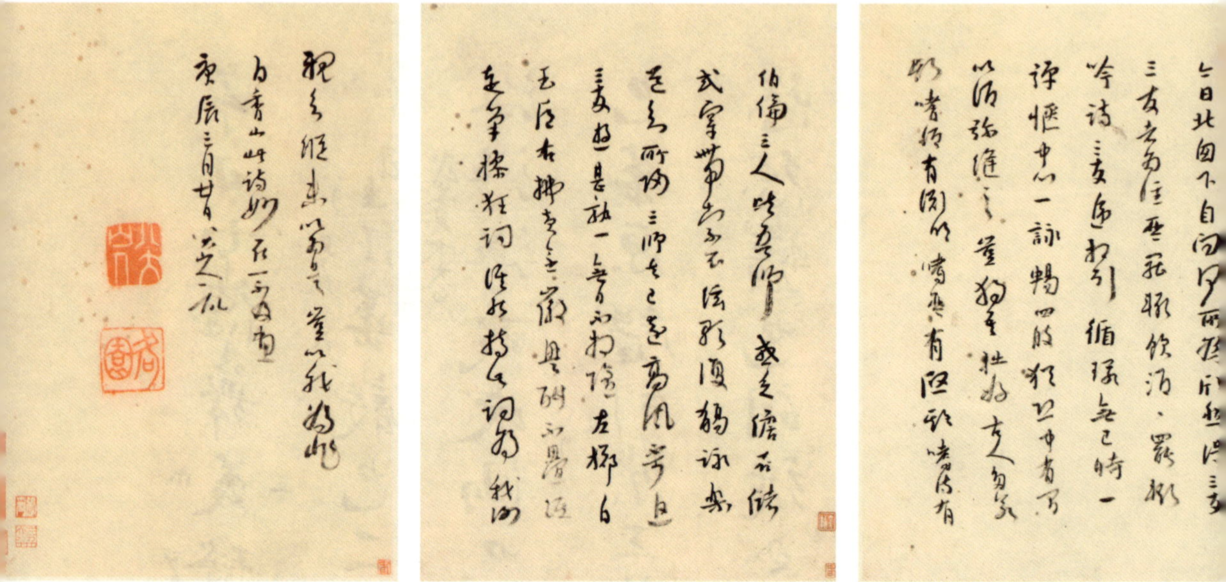

《行草白居易〈北窗三友诗〉》　清　朱耷

有审时度势、在风云变幻的朝局党争中保全自身的一面。应该说，只要是职责所在、为国为民之事，白居易都是奋不顾身的；但是为臣为人应谦虚谨慎，不为分外之事所牵连，不意气用事，也是他的立身之道。青年时他勇做斗士，和元稹等人大力倡导“新乐府运动”，这一方面是激情所致，另一方面也是因为身为拾遗履职忘身。在其位，谋其政；不在其位，不谋其政。白居易对此始终清醒。

当然，白居易终究是性情中人，矜矜业业、如履薄冰的处事风格源于他高度自律的素养，这和他喜爱自由的内心是相悖的。随着他的职位越来越高，参政程度越来越深，他不可避免地卷入了党争之中。

由于穆宗的器重，白居易曾作为主考官主持科考，这让他处在党争的中心，不胜其扰。而穆宗登基之后，横亘中晚唐时期的“牛李党争”日趋白热化。白居易与牛党首领牛僧孺长年交好，妻族杨氏一族大多属于牛党；同时他与李党首领李德裕互相尊重，从无冲突，与李党中坚力量元稹、李绅友谊深厚，为莫逆之交。两党互相倾轧之下，白居易的为难是可想而知的。他眼睁睁看着同为好友的元稹与裴度互相指责、控告，接着二人相继罢相，元稹蒙冤离去、裴度黯然收场，白居易不禁默然心寒，却无力插手。

最后让这位炙手可热的中书舍人、“上柱国”萌生退意的还是皇帝穆宗。穆宗即位时才 26 岁，本可以励精图治，有一番作为。可是他纵情游乐、大兴土木，毫无节制，面对大臣的进谏，他我行我素、丝毫不改。有时边关军情紧急，边报送达之时大臣们却找不到这位皇帝的踪迹。一系列的荒唐事，让勤勤恳恳的白居易日渐失望。虽然穆宗喜欢白居易的诗文，但是对于白居易的规劝进谏，据《旧唐书》记载，“天子不能用”。白居易自述“伏阁三上章，戆愚不称旨”（《长庆二年七月自中书舍人出守杭州路次蓝溪作》），三次代指多次，即多次上奏都不合皇帝的心意而不被采纳。因此，白居易想干脆离开长安名利场，自求外放，到地方上去踏踏实实做事，为一方百姓谋福祉。

长庆二年（822年）七月，白居易请求外放，穆宗没有按照惯例留一留这位股肱之臣，而是很快就同意了，下诏任命他为杭州刺史。杭州为上州，杭州刺史论品阶比中书舍人还高，可从中央重臣外放为地方主官，可以视为“左迁”。不过杭州为江南经济要地，出任刺史的只能是皇帝的心腹大臣，从这一点看，穆宗对待白居易还是信任的。杭州虽好，但就唐代的城市建设水平来说，长安仍是当时最发达的城市。白居易却放着尊贵优渥的京官不做，刚修建好的新昌坊大宅不顾，带着家人来到了杭州。

《秋江待渡图》　元　盛懋

依然是熟悉的长江，依然是熟悉的江州，而白居易已是另一番心境，这是他自主选择的道路，充满了欲有所作为的使命感。路过江州，刺史李渤盛情相邀，庐山寺僧深情挽留，白居易却只在草堂住了一夜，就继续赶路。不过与李渤的会面，给赴任的白居易带来了治理杭州的灵感和启发。原来李渤到江州为刺史一年多，正准备疏浚城内的南门湖，筑堰建桥，定闸调水，方便灌溉和行人往来。

当年白居易撰写《策林》，其中就有一篇《辨水旱之灾，明存救之术》，里面提到施政者对水灾、旱灾不仅要早做预防，“思危于安，防劳于逸”，而且应该施善政、布德泽，所以“圣人不能迁灾，能御灾也；不能违时，能辅时也”。巧合的是，白居易在到江州之前还遇到一位老朋友——以诗句“还君明珠双泪垂，恨不相逢未嫁时”闻名的大诗人张籍，他正以水务大臣的身份巡视水利和漕运。长庆二年（822 年）长江倒灌，湖区大灾，可是白居易要去的杭州及张籍的老家江淮一带却处于干旱之中，两人同宿客栈并彻夜长谈，想必也有许多关于水旱之灾的话题要说。

和朋友的几番相逢，让还未到任的白居易思潮起伏，他写下44行的诗作《自蜀江至洞庭湖口有感而作》。诗中写道："水流天地内，如身有血脉。滞则为疽疣，治之在针石。"他把河流比喻成人体的血脉，拥堵则为患，疏导为治疗之方。最后他豪情满怀，立志要做一个称职的刺史，终止水灾泛滥，让一方水土相宜、人丁兴旺，"坐添百万户，书我司徒籍"。

十月一日，白居易到达杭州城，江南迎来了白刺史。白居易这一待就是3年。

"三年为刺史，饮水复食蘖。"（《三年为刺史二首》）为官一向勤恳的白居易在杭州任上，兴学重教、劝课农桑，还和临近的苏州、湖州两州太守建立联系，互通有无。白居易有一个愿望，想制作一领又轻又暖的大裘，盖住全杭州的人："我有大裘君未见，宽广和暖如阳春……若令在郡得五考，与君展覆杭州人。"（《醉后狂言酬赠萧、殷二协律》）这自然是受到杜甫诗句"安得广厦千万间，大庇天下寒士俱欢颜"的启发而作的。杜甫是从自身饥寒出发想庇护天下，白居易则是从自身饱暖出发而想衣被天下，景况不同，却情发一心。

白居易任职杭州刺史期间，最为突出的政绩便是治理西湖。

《西湖图》　南宋　李嵩

中唐时期的杭州，在大运河的哺育下，经济和人口迅速攀升，方兴未艾，虽属重镇，但还算不上雄州。当时越州（今浙江绍兴）为浙江东道的政治中心，苏州为浙江西道的政治中心，其长官品级为正二品。而杭州只是浙江西道里的一个上州，其刺史品级为从三品，远不及后世“三秋桂子、十里荷花”

的繁华。

长庆三年（823 年），白居易走马上任的第二年，杭州夏日大旱。白居易依照惯例求雨，4 次求雨都无果，到了秋天，四野凋敝，黎民饥馑，白居易心焦如焚。白居易翻查资料、走访百姓，经过实地调研，得出杭州水旱灾害的症结乃是西湖的结论。唐代西湖水浅，被称为“钱塘湖”或“上湖”，北部还连着一个水位更低的“下湖”。由于长年荒疏，淤积严重，虽有旧堤却高度不够。旱季湖水不足，保证不了城外千亩良田的灌溉供给；雨季湖水溢流严重，难于蓄积。此外还有当地豪强私占水域用于种植莲藕和养鱼。总之阻碍重重。

了解情况之后，白居易为杭州城量身定制了一套系统的治理方案：一是疏浚，清挖西湖淤泥，给湖泊扩容。二是蓄水，将采挖的淤泥堆在之前的旧堤上加固加高，筑堤捍湖。三是调水，整修钱塘门内外的桥闸石函，方便调节。四是止盗，防止特殊时期发生盗水抢水事件。五是规范章程，亲自撰写《钱塘湖石记》并刻石立在湖边，提出了科学的定额灌水概念及配水方法，如计算出湖水水位下降一寸，可以灌溉 15 顷田地，每天可以灌溉 50 余顷等；还简化了用水审批制度，配备专门管理机构和人员。六是浚治六井作为配套工程，将早白居易 40 多年任职杭州刺史的名臣李泌开凿的 6 口水井疏通，解决了全城居民缺少饮用水的难题。

这一系列措施制定不易，要落实下去更是困难

《钱塘观潮图》 南宋 佚名

重重。首先是程序问题，唐代兴修水利为“中央总举，地方自营”，水利工程耗资大、所费多、工期长、影响大，地方上要先拿出方案，取得上级部门支持，奏报朝廷审议，朝廷再派人核检工程有无必要、资金申请是否合理，核检通过了再由皇帝责成尚书省批复，批复到了州县才可以征集劳役开工。过去交通不便，朝中人事复杂，这一套程序走下来少则半年，

《西湖十景图页》（局部） 南宋　叶肖岩

多则十几个月，要是其中有一个环节不畅，就更难保证效率了。

为了使工程尽快上马，白居易调动了一切能调动的资源，幸好他交游广阔，一向与人为善，顶头上司浙西观察使李德裕欣然同意上报；朝中三位宰相李逢吉、牛僧孺、杜元颖都与白居易交好，于是快速通过；具体承接的水利部门官员正是前文提及和白居易彻夜谈话的水部员外郎张籍，他全力支持；更巧的是江州刺史李渤此时已经进京任谏议大夫，专门负责上报各种事宜，有权面见皇帝，他对此事极为关注，因此促使此事迅速上达天听，皇帝也很快下达诏书。如此环环相扣，使得西湖治理工程秋天上奏，冬天就能开工，这实乃白居易之幸、杭州之幸。

手续齐全之后，难的便是钱和人。钱的问题倒不算大，杭州毕竟是富庶之地，到各州县筹款征粮就可以解决。人的问题有点儿复杂，兴修水利虽造福于民，却触动了当地豪绅的利益。西湖水浅泥肥，利于养殖和种植茭白、菱藕的地方有百亩之多，圈占这些地方的人不只是乡绅贵族，更有以钱塘县令为首的官员。他们到处散播谣言，说水利工程不仅劳民伤财，而且挖出的淤泥根本无处放置，会影响日常用水。又假风水之说，说西湖乃鱼龙所托，妄动招灾等。白居易一一进行了有力的驳斥，有理有据，获得了民众的支持。由于治理西湖确实人力不足，白居易亲自上阵，下令全体官吏必须参加筑堤劳动，无故不得缺席，有违反者罚俸停职。官员带头，百姓更加勤勉，那年冬日的西湖岸边，人头攒动，场面火热，挖泥挑沙、修桥建闸、通函立笕、疏井润田……

仅用了半年时间，工程全部竣工。从此，西湖周边水利设施一应俱全，雨季关闸蓄水，旱季放水浇田，旱涝保收，还能与河道互通，福泽一方。

为了保护好西湖工程，白居易还创新性地制定了“公益劳动服务”的规定：谁在西湖及周边砍树破坏环境，就要受罚。平民百姓罚到堤上种树以固堤涵水，乡绅大户罚到湖里挖泥以防止菰草蔓生。西湖因此“湖葑尽拓，树木成荫”。更可贵的是，白居易还为西湖后续的维护留下了“维修公益基金”——他在离开杭州时，把自己积攒的俸禄留给杭州府衙，以充不足。据《唐语林》记载，这笔经费一直维持了 50 多年，

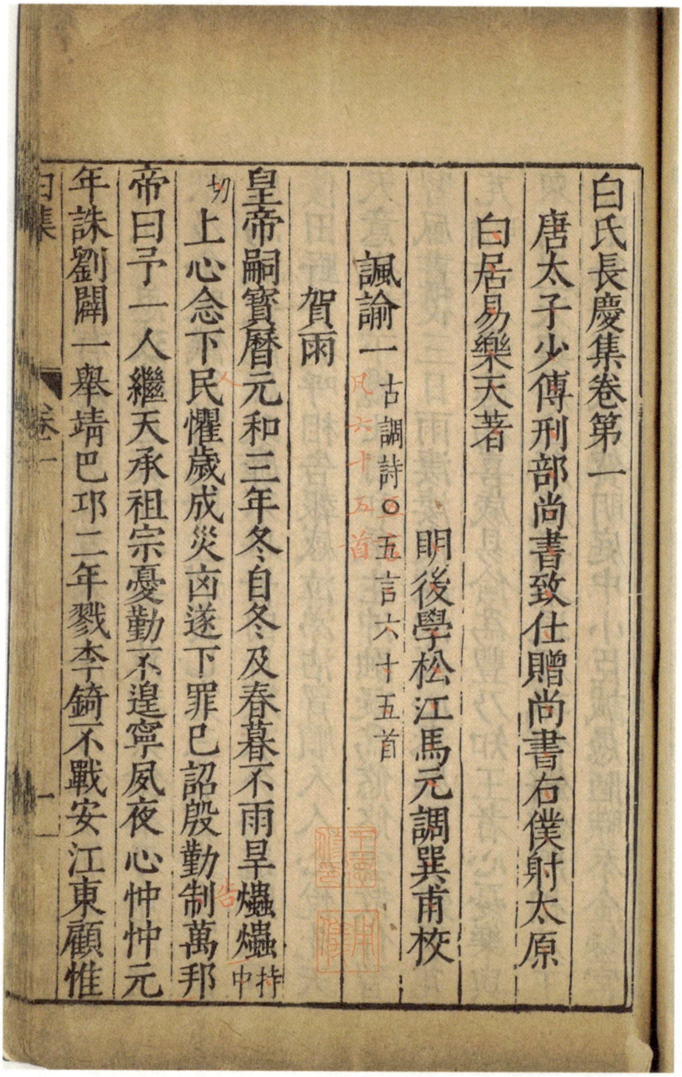
白氏長慶集卷第一
唐太子少傅刑部尚書致仕贈尚書右僕射太原
白居易樂天著
明後學松江馬元調巽甫校
諷諭一 古調詩○五言六十五首
賀雨
皇帝嗣寶曆元和三年冬自冬及春暮不雨旱爞爞
上心念下民懼歲成災凶遂下罪己詔殷勤制萬邦
帝曰予一人繼天承祖宗憂勤不遑寧夙夜心忡忡元
年誅劉闢一舉靖巴邛二年戮李錡不戰安江東顧惟

《白氏长庆集》 唐 白居易
明万历三十四年（1606 年）松江马元调鱼乐轩刊本

到唐末黄巢火烧杭州后才不知去向。

西湖治理工程竣工，很快就起到了防旱抗灾的作用，杭州城官民皆乐。元宵节，白居易与民同乐，“岁熟人心乐，朝游复夜游”（《正月十五日夜月》），并再度着手编辑自己的诗文作品，这就是《白氏长庆集》。

这一时期白居易与时任浙东观察使兼越州刺史的元稹诗歌唱答，互相夸耀治下美景，如“乱花渐欲迷人眼，浅草才能没马蹄。最爱湖东行不足，绿杨阴里白沙堤”（《钱塘湖春行》）和“风翻白浪花千片，雁点青天字一行”（《江楼晚眺景物鲜奇吟玩成篇，寄水部张员外》）等，给当地留下不尽的文化宝藏。他又和邻近的苏州刺史、湖州刺史互相赠酒，病中还在蓄养白鹤，立意要在杭州任上多留几年，有所作为。

谁知长庆四年（824 年）朝中又有变故，年轻的穆宗竟步了父亲的后尘，服丹成疾，年仅 30 岁就病逝，16 岁的李湛登基，是为敬宗。

皇帝年幼，朝中理政者另有他人，突然一纸诏书到杭州，令白居易卸任杭州刺史，任太子左庶子，即刻赴任。

白刺史要走了，杭州城百姓提壶携浆，自发前来相送，依依不舍的人群挡住了去路，让多情的白居易忍不住潸然垂泪。他放心不下这些淳朴的百姓，因为“税重多贫户，农饥足旱田”（《别州民》，下同）。他多想再留几年，推行仁政，辅世长民，让这些人在自己的庇护下少些苦难，如今却只能“唯留一湖水，与汝救凶年”。他将存下的俸禄留给西湖充作经费，只带走两片天竺石以作纪念，两袖清风、一身清白地离开杭州。他走之后，西湖上的长堤被杭州人改称“白堤”，在孤山南麓人们为他建“白公祠”，那几年里杭州城诞生的男婴多以“白”命名……

白居易一路北上，越走越慢，他听到长安城里的消息：16 岁的唐敬宗贪玩无度，不理政事；宰相李逢吉独掌大权，行事跋扈，构陷了白居易的好友同时也是“新乐府运动”的倡导者之一、写出“锄禾日当午，汗滴禾下土”（《悯农》）的李绅，把他贬为端州司马。这些消息让白居易萌生退隐之意，他走到洛阳时正是秋天，干脆自请分司东都，在洛阳为官。

唐代以长安为都城，以洛阳为陪都，洛阳设置了一套中央职官体系，除了部分政务性和事务性的职位，大多用以安置闲散、病退、贬谪的官员。

白居易在洛阳履道里购买了宅子，17 亩左右的面积，房屋只占三分之一，水占五分之一，其他地方则布置了竹林、小桥、花、树、石等。宅院以他一贯的品位修葺，不啻为红尘里的另一座庐山草堂。白居易准备长居洛阳，就此安度时日。谁知第二年春天，朝廷又诏令白居易为苏州刺史。

苏州历史悠久，唐朝时是江南唯一被定为“雄州”的大郡，而且是一方政治中心，有 10 万户州民、5000 军士，当时的华亭县（今属上海）、嘉兴县都归属苏州。苏州临近杭州、湖州、常州三郡，水陆通达、鱼米丰饶、物产丰盛，是当时红尘中一二等风流繁华之地。苏州刺史不单管一州之民，还有军事管理之权，朝廷给白居易的任命全称是“使持节苏州诸军事守苏州刺史”，责任重大。

白居易少年时曾到过苏州，当时大诗人韦应物任苏州刺史，他的风流雅韵让年轻的白居易仰慕不已，只是年幼位卑，不得和这些名士结交。想不到

《苏州山水全图》（局部）　明　沈周

30 多年后，当年那个歆羡不已的少年也当上了苏州刺史。后来大诗人刘禹锡也任过苏州刺史，使得后人发出了“苏州刺史例能诗”的感叹。苏州人把韦应物、白居易、刘禹锡合称“三贤”，并立“三贤祠”

以示纪念。

宝历元年（825 年），白居易过汴州、渡淮水，在农历五月五日端午节这一天到达苏州，吃上了粽子。这里需要说明的是，唐朝的苏州人吃粽子不是

《画唐人诗意册之韦应物〈南塘泛舟会元六昆季〉诗》　明　李流芳

为了纪念屈原，而是纪念伍子胥。

在赴苏州的路上，白居易曾在汴州拜访汴州刺史令狐楚。看到这位能臣治理有方，把一座两年前因叛军作乱而民生凋敝的衰败之城治理成夜不闭户的安宁之邦，白居易深受触动，自愧不如，对苏州刺史一职生出了强烈的责任感，甚至担心自己不能

胜任如此重要的官职。他在寄给朝中三位丞相的诗《去岁罢杭州今春领吴郡惭无善政聊写鄙怀兼寄三相公》中说“那将最剧郡，付与苦慵人”，更害怕辜负了百姓，对不起杭州夹道欢送、苏州夹道欢迎的州民（“虚迎复虚送，惭见两州民”）。

唐朝刺史政务繁多，一要征收赋税，分配徭役；二要维护稳定，主持法纪；三要主导工程，如水利、道路、学校等；四要巡视郡县，考核官吏；五要劝课农桑，教化百姓。此外，还有如宣谕朝廷重大事项、向朝廷申报忠孝节烈等上传下达的杂务。初唐时唐太宗非常重视刺史的任命，甚至把各地都督、刺史的名字写在屏风上，坐卧可见。中唐以后，朝廷经常贬黜京官为刺史，部分刺史因此懒政怠政，也是常事。但刺史若是欲有作为，则有做不完的事。

到了苏州任上，本就勤勉的白居易更加呕心吐胆、励精图治。他到任后专心公务，“朝亦视簿书，暮亦视簿书”（《题西亭》），从早到晚都在办公，还要管理军事、提供军饷等。白居易一两个月不曾郊游、宴客，一口气清理了案头事务，直至完成了一年一度的贡橘公差才松了口气。

白居易在杭州治水卓有成效，他发现名郡苏州也常年饱受水害之苦，特别是城西阊门到虎丘之间，沼泽泛滥不说，交通往来也十分不便。他有过在杭州治水的经验之后，驾轻就熟，立马规划了清淤排涝、挖掘塘泥、整修河堤的治理工程，修筑了东起阊门、西至虎丘的七里山塘河堤，还在上面夹种桃李，大大改善了苏州西北郊的农田水利和交通道路，使得这里逐渐成为一条舟车并行、“银勒牵骄马，花船载丽人”（《武丘寺路》）的繁华商贸街市。为感念白刺史的功德，世人将这条山塘河堤称作“白公堤”。杭州白公堤，苏州白公堤，黎民苦乐事，皆在白公心。

工程事毕，白居易劳逸结合，工作 9 天，休沐 1 日，所谓“微彼九日勤，何以治吾民？微此一日醉，何以乐吾身“（《郡斋旬假命宴呈座客示郡寮》）。他开始赏玩山水，殷勤赋诗，还借助江南丝竹之盛，重新整理了《霓裳羽衣歌》。白居易通音律，倡导过“新乐府运动”，每到一地都会收集当地民歌，并进行仿作。公事之外，他也有做不完的乐事。

苏州不愧为历史名郡，八道城门，水陆并行，三横四直的七条主河道交通繁忙，白居易在酒后的一首诗里描绘了苏州风貌：“半酣凭槛起四顾，七堰八门六十坊。远近高低寺间出，东西南北桥相望。水道脉分棹鳞次，里闾棋布城册方。人烟树色无隙罅，十里一片青茫茫。”（《九日宴集，醉题郡楼，兼呈周、殷二判官》）

可惜的是，年岁不饶人，白居易苦读苦吟半生，身体本不强健，年轻时多病早衰，中年又过于劳累。白居易年少时就因读书太用功而有飞蚊症，不知道是不是由于在苏州“朝亦视簿书，暮亦视簿书”的勤奋，他的眼疾越来越重，到了“散乱空中千片雪，蒙笼物上一重纱”（《眼病二首》其一）的地步，有点儿像白内障的症状。次年春天，白居易染上肺疾，咳嗽不断，祸不单行的是有一天他骑马下山时摔倒，腰痛腿肿，不能起身。

若闲来无事倒还好，可是苏州刺史公务繁重，一介病躯如何胜任？其实刺史俸禄和地方赋税挂钩，朝廷允许刺史有灰色收入，因而俸禄高于京官，特别是苏杭这些富庶之地的刺史，俸禄更是丰厚无比。有些官员贪恋厚禄，即使有病也上报平安，不肯离

《清明上河图》 明 仇英

开刺史之位。但是白居易心系百姓，忧心政事，一想到还有那么多公务没有处理就心焦，难以安心养病。特别是他想到地方上还有流民没有安抚，更加惭愧，就像他所仰慕的韦应物所写，“邑有流亡愧俸钱”（《寄李儋元锡》），他觉得拖着病躯做不了事简直对不起俸禄。

白居易是个特别喜欢记录工资的人，从第一次任职校书郎到致仕退休，从每月 1 万多钱涨到后来的 10 万钱，每一次俸禄的涨跌他都细细记录，并写入诗中。后世很多人菲薄他爱钱，一副锱铢必较的样子，这其实是一种偏执于“言义而不言利”的迂腐之见。晋人王衍倒是“口不言钱”，迫不得已提到，也只说“阿堵物”，实际上他是假清高，纵容妻子聚敛钱财。白居易大大方方地公布自己的合法收入，不怕人追问，不惧人查验，这种行为相当于今天的官员财产公开，且他还是自发地公开，何等坦荡磊落，值得所有人尊重效仿，而不是奚落鄙薄。

更让白居易感到为难的是，刺史的第一要务是催缴赋税，唐代租税重，难免要“鞭笞黎庶”。当年他在《杜陵叟》中抨击地方酷政“长吏明知不申破，急敛暴征求考课。典桑卖地纳官租……虐人害物即豺狼，何必钩爪锯牙食人肉”。这种做法有违白居易的本心。

本欲躬亲活疲民，怎奈老病惭丝纶。白居易备受身体和心理的双重煎熬，终于做出了隐退的决定。他上报朝廷，告“百日长假”。唐朝官员告假常有，百日长假则不同寻常，相当于告病辞官。《唐会要》有云：“职事官假满百日，即合停解。”

宝历二年（826 年）九月，白居易百日假满，别苏州，回洛阳。

白居易在苏州百姓的夹道欢送中离开，只取了两片太湖石作为纪念，带回去与杭州两片石并立，以作安慰。

归途漫漫，庆幸知交遍天下。白居易一路访友，在扬州与同年诗人刘禹锡意外重逢。两颗文坛明星并耀，一边感叹“诗称国手徒为尔，命压人头不奈何”（《醉赠刘二十八使君》），一边高唱“沉舟侧畔千帆过，病树前头万木春”（《酬乐天扬州初逢席上见赠》）。两人携手同游，到了汴州又和令狐楚相聚，其乐不可尽言。

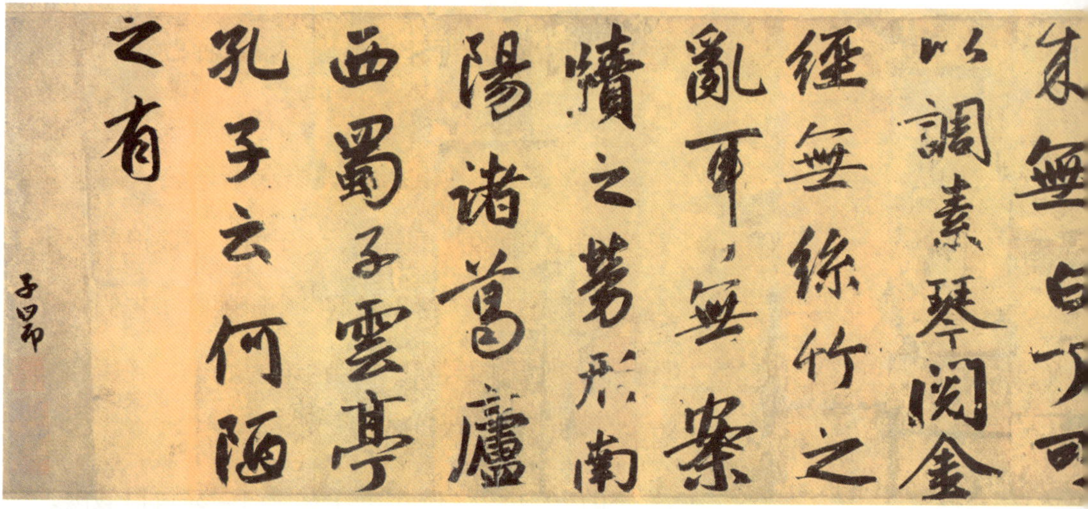

《陋室铭》 元 赵孟頫

然而此时却有一个噩耗传来：18 岁的皇帝敬宗生前荒诞，死也荒诞，竟然被宦官们掐死。国之君主居然死于家奴之手，让老臣深感朝纲崩坏。深宫暴乱以文官集团诛杀逆阉，拥护敬宗的弟弟李昂继位而终，是为文宗。

白居易时年 55 岁，已经历经德宗、顺宗、宪宗、穆宗、敬宗五朝，如今又迎来了不满 18 岁的文宗，不禁有历尽风波恶、蹉跎已半生之感。

其实在归程中还有一桩噩耗，待春天回到洛阳的家中他才知悉：弟弟白行简于去岁冬天病逝。“哀

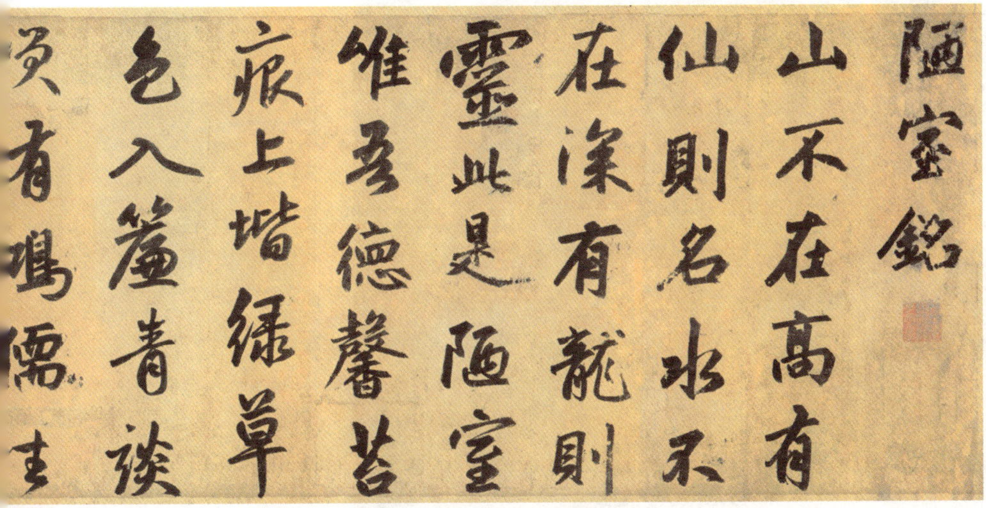

缠手足，悲裂肝心”“仰天一号，心骨破碎”（《祭弟文》），从此四兄弟只剩下白居易孑然一身，怎不让他悲痛欲绝。

这年春天，一支健笔停歇了许久。国乱家丧，使白居易意志消沉。

新继位的文宗从父兄的下场中吸取教训，励精图治、去奢从简，有意重整山河。他深感文臣护驾从龙之恩，事事遵从裴度、韦处厚两位宰相的意见，召回好几位良臣归京担当重任。白居易也在其列。他被授三品官秘书监，并赐紫金鱼袋，尊贵荣耀。

《三教图》　唐　韩滉

秘书监是秘书省主官，想当年白居易初入宦海就是从秘书省基层校书郎起步，如今成了秘书省最高长官。“金章紫绶看如梦”（《新昌闲居招杨郎中兄弟》），谁还记得这个鬓霜如雪的人是当年的稚嫩书生呢？秘书省下设有藏书库和著作局，秘书监专掌图书，长年参与编纂国史档案，在天下学子和儒生中地位崇高无比。秘书监专职编书，别无他事，“尽日后厅无一事，白头老监枕书眠”（《秘省后厅》）。白居易忙的时候就说忙，闲的时候就说闲，绝不会为了凸显自己的勤政形象而弄虚作假。

秋天，正值唐文宗 18 岁诞辰，这年又是新帝登基改元的第一年，需要一场隆重和乐的庆典安抚朝堂内外。庆典连办数日，规模盛大，其中一个重要环节是请儒释道三教的代表开坛论道，天子听讲。白居易为儒学首座，与佛教首席和道教首席对谈。唐朝尊道教为国教，多位君主又笃信佛教法门，元和年间唐宪宗迎佛骨入长安，在全国掀起了宗教狂热，韩愈上奏《论佛骨表》，惹得宪宗大怒，差点因此丢掉性命。事涉宗教，问题复杂，责任重大，不过这难不倒白居易。他广读经典，博古通今，而

《送行图》　明　沈周

且生性豁达，从不固执己见，善于触类旁通，又多与僧道大师往来，熟悉佛道经典，因此他在论坛上不仅对答如流，还能以儒学圆融三教之说，博得阵阵喝彩。最后他留下了一篇《三教论衡》，让这场庆典青史留名。白居易的精彩表现让年轻的文宗甚是欣赏。

唐文宗虽然锐意革除时弊，却急躁冒进，谋略不足，人事调动随心所欲，有时朝令夕改，难见成效。

大和二年（828 年），也就是三教论衡的次年，唐文宗突然下令任命白居易为刑部侍郎，同时封晋阳县男。晋阳县男为贵族爵位，授田 500 亩，可世袭耕种，为皇帝授予功勋卓著者的殊荣。这一番举

动让朝臣侧目，论阅历、品级、学识、声望，白居易都有拜相的资格，他领刑部侍郎之职约等于为入相增加资历，以造声势。

白居易想当宰相吗？宰相位极人臣，把控权柄，操盘大唐国政，是一名文臣仕途最顶级的官位。白居易的数位好友，如元稹、裴度、武元衡、崔植等人都当过宰相，他也曾有过憧憬。然而朝中宦官势力未除、群党倾轧不息，君主不定性，人事难料定，白居易的进阶之路困难重重。

白居易任刑部侍郎的这一年，朝中几位重臣接连去世，其中宰相韦处厚等人都与他相善。物伤其类，天不假年，难免给人无常之感。白居易贬谪江州之时，就已经有退隐之念，先后任杭州、苏州刺史时这个念头也时不时闪现。他固然想更进一步，实现自己年轻时撰写的《策林》中的政治主张，但是现实残酷，他势单力薄，难以施展抱负。身居高位却无能为力，不如早早离去。

据学者研究，最后让白居易下定决心离去的契机，可能是当年在他贬谪江州时落井下石的王涯回京。白居易不愿与他同朝，“人间祸福愚难料，世上风波老不禁。万一差池似前事，又应追悔不抽簪”（《戊申岁暮咏怀三首》其三）。后来王涯当了宰相，惨死于“甘露之变”。

白居易急流勇退，再次上表奏请百日长假，期满后被改授太子宾客分司东都，回洛阳上任。

“昔时蹙促为迁客，今日从容自去官”（《长乐亭留别》），与朋友们饯别后，白居易作别风云变幻的长安，缓步向人生的最后一段旅程走去。

07

唯此中隐士，致身吉且安

——晚年白居易

大隐住朝市，小隐入丘樊。
丘樊太冷落，朝市太嚣喧。
不如作中隐，隐在留司官。
似出复似处，非忙亦非闲。
不劳心与力，又免饥与寒。
终岁无公事，随月有俸钱。
君若好登临，城南有秋山。
君若爱游荡，城东有春园。
君若欲一醉，时出赴宾筵。
洛中多君子，可以恣欢言。
君若欲高卧，但自深掩关。
亦无车马客，造次到门前。
人生处一世，其道难两全。
贱即苦冻馁，贵则多忧患。
唯此中隐士，致身吉且安。
穷通与丰约，正在四者间。

——白居易《中隐》

白居易的名作《中隐》，影响了后世无数士人，继东晋陶渊明之后，其在理想与现实的夹缝中指引

《隐居图》 明 谢时臣

了另一条可行之路。躬耕南山下的陶渊明世间独一无二，世间少有能效仿践行者。白居易的拥趸则遍布天下，他的“中隐之道”成为仕宦阶层和知识分子的安心立命之道。每逢乱世或专制之时，便以此道抗衡。从这个意义上来说，白居易的“中隐”具有很强的现实性。

“中隐”洛阳最浅显的益处是使白居易幸免于公元 835 年血腥惨烈的“甘露之变”。唐文宗与亲信李训、郑注等人假借“观看甘露”发起政变，目的是铲除宦官仇士良等人，结果却因谋事不密、目标不一、行事不利，被宦官反杀。不仅朝中李训、王涯、贾悚、舒元舆、王璠、郭行余、罗立言、李孝本、韩约等重臣被杀，还牵连其亲属部下，1000多人因此丧命。从此大唐权柄完全被宦官把持，国运每况愈下，虽国手亦不能救。

当然，明哲保身的人生态度，和儒家向来推崇的杀身成仁的道德境界及“虽千万人，吾往矣”的大无畏精神相比，要显得消极得多。不论在哪个时代，似乎都不被认为值得推崇，人们更倾向于对它进行批判。那么我们不如来看看“明哲保身”的白居易在“中隐”之后都做了些什么事，他是否同流合污？是否腐化堕落？是否一蹶不振、形如枯槁呢？

回洛阳定居后，白居易在余下的 17 年里再未离开。中途做了两年的河南尹，是在洛阳城办公的；朝廷诏他去做同州刺史，他长跪不起，不愿奉诏，后来改任太子少傅分司东都，官二品，做了 7 年；71 岁时致仕；武宗会昌六年（846 年）八月十四日，白居易长眠于洛阳家中，享年 75 岁，赠尚书右仆射，谥号“文”，葬于洛阳香山。

在这 17 年间，白居易创作了约 1000 首诗，占

《宋人香山高会图》　宋　佚名

其流传下来诗作的三分之一。这些诗歌大多属于被白居易分类为“讽喻诗、闲适诗、感伤诗、杂律诗”中的“闲适诗”和“杂律诗”。白居易总结它们是“又或退公独处，或移病闲居，知足保和，吟玩性情者”，“或诱于一时一物，发于一笑一吟，率然成章”（《与元九书》），也就是去政治化、去功利化、去公共化的纯文学作品，充满真性情、真情感、真思想，是个体生命对于时代的吟唱。其语言和境界具有讽喻诗所难以顾及的蕴藉之美，注重精神的愉悦和心灵的超拔，钟情自然和天地，关注生命的自由状态，淡泊高远、平和自然，言有尽而意无穷，对后来的苏东坡、欧阳修、袁宏道等众多诗人都产生了深远影响。

这些诗作里，有将对浔、杭、苏等江南故地的思恋与怀念吟哦成隽永之诗的《忆江南词三首》（其一）——“江南好，风景旧曾谙。日出江花红胜火，春来江水绿如蓝。能不忆江南”；有以幽默宽容之心笑看来偷他家莲子的小娃而戏谑成诗的《池上二绝》（其二）——“小娃撑小艇，偷采白莲回。不解藏踪迹，浮萍一道开”；有把名利是非以豁达通透的人生哲理熔铸成明达之诗的《对酒五首》（其二）——“蜗牛角上争何事，石火光中寄此身。随富随贫且欢乐，不开口笑是痴人”；有把对朋友的深切思念和人生沉痛之感吟成催人泪下的千古伤心句的《梦微之》——“君埋泉下泥销骨，我寄人间雪满头”；还有他高蹈于晚年，组织“七老会”“九老会”，写下的丰富了诗歌中尊老敬老内容的《九老图诗》——“雪作须眉云作衣，辽东华表暮双归。当时一鹤犹希有，何况今逢两令威”……明朝文人江盈科《雪涛小书》评价白居易：“前不照古人样，后不照来者议；意到笔随，景到意随；世间一切，都着并包囊括入我诗内。诗之境界，到白公不知开扩多少。较诸秦皇、汉武，开边启境，异事同功，名曰‘广大教化主’，所自来矣。”清人翁方纲《石洲诗话》大力称扬：“白公之为广大教化主，实其诗合赋、比、兴之全体，合风、雅、颂之诸体，他家所不能奄有也。”

白居易虽远离朝堂，却依然关心民众苦难。在洛阳城，衣食无忧的他写下《新制绫袄成感而有咏》：“水波文袄造新成，绫软绵匀温复轻……百姓多寒

《香山九老图》　明　谢环

无可救，一身独暖亦何情？心中为念农桑苦，耳里如闻饥冻声。争得大裘长万丈，与君都盖洛阳城？”白居易自出仕以来，似乎时时都在惭愧，他的惭愧可分为两种：一是身为出任要职的臣子，不能胜任的羞惭；二是身为食禄者，在面对甚至每每念及底层人民劳作的艰辛和饥寒之苦时的愧疚。他的官职越高、俸禄越厚，他的惭愧往往就越深，即使晚年致仕后也不能尽免。这是多么可贵的反省精神和以民为重的仁义精神！

会昌三年（843 年），朝廷御敌平乱，大破侵扰边关的回鹘军，迎回了太和公主。白居易对此欢

欣鼓舞，后来更为功臣石雄赋诗赞美，写下“塞北虏郊随手破，山东贼垒掉鞭收。乌孙公主归秦地，白马将军入潞州”（《河阳石尚书破回鹘迎贵主过上党射鹭鸶绘画为图猥蒙见示称叹不足以诗美之》）的豪情诗句。

更为难得的是，白居易在73岁高龄时，为了洛阳的水利交通，捐资捐力，亲自主持完成了开凿龙门八节滩的壮举。他在苏杭任刺史时都曾兴修水利，并且颇有心得；晚年退隐洛阳，见洛阳龙门潭南有八节滩和九峭石，滩急石险，往来船只容易划破船底，须得舟人楫师下船，拉纤推挽，隆冬大寒时节也要

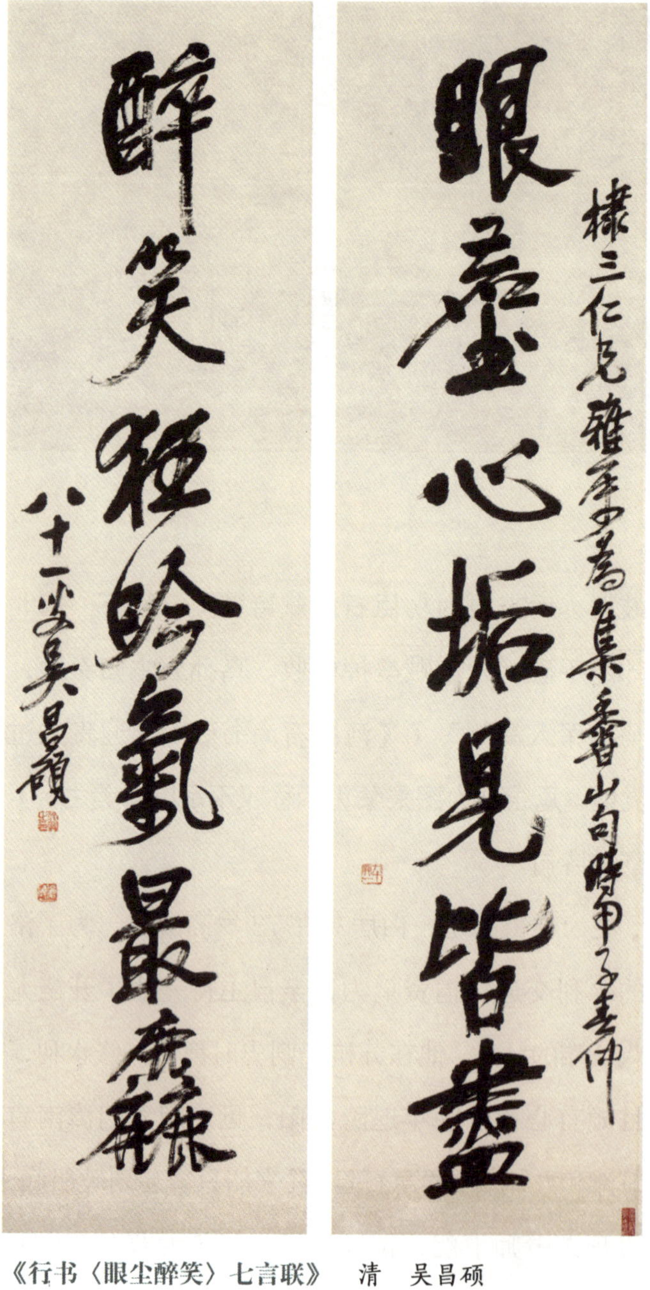

《行书〈眼尘醉笑〉七言联》　清　吴昌硕

赤脚浸在水中作业，饥冻之声，让白居易闻之凄切。他和香山寺的僧人发心一起开凿石滩，捐献家财作为工程资金，并号召穷者出力、仁者捐款。仅一个冬天的时间，工程就竣工了，险滩变通途，永绝后患。他在诗中记述："七十三翁旦暮身，誓开险路作通津。夜舟过此无倾覆，朝胫从今免苦辛。十里叱滩变河汉，八寒阴狱化阳春。我身虽殁心长在，暗施慈悲与后人。"（《开龙门八节石滩诗二首》其二）

要允许一个斗士不以烈士的方式终结一生。让一个好人得到一个好的结局，这并不庸俗。白居易以苦心经营的人生智慧保全了自己，为身后数千年挣扎于进与退、达与隐、本心与违心、兼济与独善的士人，提供了另一种生活的范式。如果一定要求全责备地说这是一种消极的处世方式，那么中华文明也应该能够容纳这样的"消极"，并将之融入包罗万象的文化之海，使中华优秀传统文化呈现出多彩的质地和光芒。可惜1000多年来，能像白居易这样不违本心、乐天知命，以寿长、名高、禄厚、襟闲而终的人，万人中无一二。他是中华民族的骄傲。

图书在版编目（CIP）数据

白居易画传 / 朱虹，张雷著 . -- 南昌 : 江西美术出版社，2025. 3. --（中国历史文化名人画传系列）.
ISBN 978-7-5802-0160-7

Ⅰ . K825.6-64

中国国家版本馆 CIP 数据核字第 20256WF310 号

出 品 人　刘　芳
项目统筹　方　姝
责任编辑　姚屹雯　李安琪　肖　杰
责任校对　陈　曦
责任印制　谭　勋
书籍设计　韩　超　胡文欣　先锋設計 PIONEER DESIGN
封面插图　谭崇正

白居易画传 BAI JUYI HUAZHUAN
中国历史文化名人画传系列 ZHONGGUO LISHI WENHUA MINGREN HUAZHUAN XILIE
朱　虹　张　雷 / 著

出　版：江西美术出版社
地　址：南昌市子安路 66 号
邮　编：330025
电　话：0791-86566309
网　址：www.jxfinearts.com
经　销：全国新华书店
印　刷：湖北金港彩印有限公司
版　次：2025 年 3 月第 1 版
印　次：2025 年 3 月第 1 次印刷
开　本：710 mm×1000 mm　1/16
印　张：11.25
字　数：90 千字
ISBN 978-7-5802-0160-7
定　价：48.00 元